Für Lilli und Rike

Reinhard Knodt

Brief an den Turmschreiber

Mitteilungen über Abenberg, Gott und die Welt

Herausgegeben von der Stadt Abenberg
im Verlag des Landkreises Roth

Reinhard Knodt: Brief an den
Turmschreiber. Herausgegeben von
der Stadt Abenberg in Verbindung
mit dem Förderverein historische
Burg Abenberg und dem Heimat-
verein Abenberg im Verlag des
Landkreises Roth. Abenberg 2008.

Umschlagbild: Michaela Moritz
Fotos: © Horst Binder: S. 11, 21,
22, 34, 43, 63, 80, 90, 121
© Karlheinz Hiltl: S. 38
© Reinhard Knodt: S. 12, 18, 28,
57, 58, 94, 112, 116.
© Michaela Moritz: S. 44, 71, 72.
© Horst Schäfer: S. 6, 64.
Lektorat: Eva Harker
Gestaltung: Elisabeth Dötzer
Konzeption und Satz:
Gillitzer Büro für Gestaltung
Druck: Druckwerk, Nürnberg

Gefördert durch die Sparkassen-
stiftung Mittelfranken Süd, die
Stadt Abenberg, den Heimatverein
Abenberg und die Fa. Hans
Henglein & Sohn GmbH

ISBN: 978-3-9807896-2-2

Von Türmern und Träumern

Warum es Turmschreiber gibt, ist nicht klar. Manche sagen, die Turmschreiberei wäre eine Art Werbeunternehmen, von dem sich Städte Vorteile erhofften. Aber so einfach wollen wir uns die Sache nicht machen. Denken wir lieber daran, dass Türmer von jeher Wächter und Botschafter des Nahenden waren. Sie hatten das Signalwesen unter sich. Man achtete auf sie.

Bei den alten Griechen gab es zum Beispiel sogenannte Windtürme. Sie dienten der Windbeobachtung und vermutlich auch der Zukunftsvoraussage.[1] Dass man die Zukunft aus dem Wind ablas, mag überraschend klingen, doch waren die Griechen ein Seefahrervolk. Sie kannten viele Winde. Den „Boreas“ aus dem Norden, der Kälte und Krankheiten brachte, den „Notos“, der aus dem Süden kam, den warmen Frühlingswind „Zephiros“, der auch uns noch geläufig ist, „Apeliotes“, von Helios, der Sonne gezeugt, und viele andere. Man hielt diese Winde – die Kinder des Aeolos – zunächst für Geister. Homer berichtet, dass Odysseus einen Sack voller Winde in seinem Schiff aufbewahrte und dass seine Gefährten diesen unglücklicherweise öffneten, wodurch das Schiff vom Kurs auf die Heimat abkam. Die Winde kündeten also von Schicksal und Zukunft, weswegen es zu ihrer Beobachtung und Voraussage eben Windtürme gab.

Man kann sich vorstellen, dass die Wächter jener Windtürme, die nach Aussage verschiedener Überlieferungen übrigens die Anemophilen genannt wurden (von Anemos, der Wind), an bestimmten Öffnungen und Höhlungen lauschten, in denen sich der Wind fing, dass sie Aeolsharfen und Windspiele an den Brüstungen der Türme aufstellten, dass sie Wolken und Wetter beobachteten und so also um eine Art Deutung des „Atmos“ bemüht waren, des Windatems. Unser deutsches Wort „Atmosphäre“ ist ja genaugenommen der Hinweis auf den „Atemkreis“ der Dinge, der sich zur „Stimmung“, einer Situation und ihrer Deutung verdichtet und so kommende Ereignisse vorausahnen lässt. Wer eine herrschende Atmosphäre deuten kann und damit gewissermaßen weiß, woher der Wind weht, mag also tatsächlich über zukünftige Dinge Bescheid wissen.

Die Überlieferung sagt wenig über griechische Windtürme und ihre Wächter, und zwar vor allem deshalb, weil sie – ständig mit der Zukunft beschäftigt – wahrscheinlich wenig Sinn im Aufzeichnen vergangener Dinge fanden. Die Zukunft war das eigentlich Wichtige ihres Geschäfts. Die Vergangenheitssehnsucht mancher Zeitgenossen und die Folianten alter Niederschriften sahen sie vielleicht gar kritisch. Ansonsten wurden sie wohl frühzeitig verdrängt, und zwar von einer Gruppe, die zunächst klein und unbedeutend war, die aber nach und nach an Einfluss in der griechischen Gesellschaft gewann.

Diese Gruppe führte ihren Namen auf den Gott Kronos zurück, jenen Gott, der dem Mythos nach seine Kinder frisst und aus dessen Namen sich später das griechische Wort „Chronos“ für Zeit entwickelte. Für die Kronos-Anhänger war die Zeit – im Gegensatz zu der Auffassung der Windpriester – nicht die mit den Winden nahende Zukunft, sondern vor allem Vergangenheit. Sie hatten zur Beschreibung der Vergangenheit ein System von Zahlen und Daten entworfen, Gedenktage festgelegt und wiederkehrende

Erinnerungsfeste etabliert, durch die das alltägliche Leben Gleichklang und Rhythmus erhielt. Man kann ohne Übertreibung sagen, dass sie zu einem großen Teil unsere heutige Weltsicht repräsentieren, also eine Weltsicht, die aus vieltausendjähriger Vergangenheit und einer kaum bekannten und schwer einschätzbaren kurzen Zukunft besteht. Ein Leben ohne rhythmische Wiederkehr des Bekannten, ohne Niederschriften und ohne Traditionen hielten die Chronisten für sinnlos und unsicher. Menschen, die weit in die Zukunft hinein Pläne machten, nannten sie „Aerobaten" – ein griechisches Schimpfwort, das „Luftgänger" heißt und bedeutet, dass dem Betreffenden außer verblasenen Träumen nichts zuzutrauen sei. Ansonsten waren die Chronisten zahlenverliebt. Sie zählten alles – Jahre, Tage, Wochen und Monate, Kriege und Schlachten, Ernten, Sonnenwenden, Einwohner, Scheffel Weizen und Vieh …

Die Chronisten stellten in Griechenland wohl sehr bald schon alle wichtigen Personen des gesellschaftlichen Lebens. In Theben sollen sie einem bruchstückhaft erhaltenen Gedicht nach sogar den Windpriester vom Windturm gestürzt haben; und zuletzt, als die Kunst der atmosphärischen Weltdeutung schon verdrängt war, gelang es ihnen, die Windtürme zu besetzen. Die Windöffnungen wurden verschlossen. Die eigenartigen Poeme der Windpriester, die die Zukunft beschrieben, wurden zur Belustigung des Volkes gelegentlich vorgelesen und die Türme wurden Wetterstationen. Im Lauf der Generationen vergaß man ihre ursprüngliche Bestimmung, stellte technische Apparaturen in ihnen auf oder befestigte Uhren an ihnen.

Der Sieg der Chronisten war vollständig. In Gestalt römischer Beamter zählten sie das Volk. In Gestalt von Mönchen schufen sie die Kalender und gerieten in eigenartigste Verzückung, wenn ein Jahrhundert oder Jahrtausend voll war. In Gestalt von Wissenschaftlern berechneten sie Erdumfang und Geschützbahnen, Zellkörper und die biologische Uhr; in Gestalt von Ökonomen richteten sie schließlich unsere Welt ein, eine Welt, in der die Zukunft von atmosphärischen Fragen völlig losgelöst ist und weitgehend im Auf und Ab jener Zahlen besteht, die das weltweite Wirtschaftsgeschehen bestimmen.

Natürlich kann man sich nun vorstellen, dass es sozusagen Überlebende der alten Windpriester gab. Dichter, Träumer, Sänger, religiös Bewegte, Sehnsüchtige, ... also Menschen, die die Rede vom „Geist" weitertrugen, die Theaterstückee und Poeme verfassten. Auch die angelsächsischen Priester, die im 7. und 8. Jahrhundert nach Franken kamen und es kultivierten, dürfen wir als einen Nachklang der „Anemophilen" bezeichnen, also Deuter von Dingen, die das Alltägliche auf eigenartige Weise überhöhen, um ihm einen zusätzlichen Sinn zu verleihen, der letztlich wie vom Wind hergeblasen scheint. Und selbst der berühmte Schleier der seligen Stilla in Abenberg flog ja der Legende nach mit dem Wind an jene Stelle, an der heute das Kloster steht ...

Nun gut, wir wollen dies alles nicht überbewerten, aber ein gewisser Nachklang atmosphärischer Weltdeutung und nicht ausschließlich chronistischer Gesinnung scheint uns in diesen Zusammenhängen doch gegeben, so wie sich das Abenberger „Haus der fränkischen Geschichte" heute ja auch wieder sehr nahe an jenem Turm befindet, in dem der Abenberger Turmschreiber wohnt und seine Nase sozusagen in den Wind hält.

Eiscafe
Italia
Eiscafe
Italia

Brief an den Turmschreiber I

Mein Lieber!

Ich war im September hier. Manche sagen zwar, der Mai sei besonders schön. Der August, habe ich gehört, soll auch schön sein. Sogar vom Januar war die Rede. Aber es ist der September, und zwar deshalb, weil dieser Monat alles vereint, letzte Sommertage, die aus Nebelschwaden heraufdämmern wie ein mittelalterliches Gedicht, Hitze, aber auch gelegentlich schon Kälte, so dass das Eiskaffee Italia auf dem Marktplatz erschreckt zumacht und erst Tage später unter Mühen und mit strategischem Verhandlungsgeschick wieder geöffnet werden muss. Ja, ich würde sagen, im September ist es sogar bereits ein Geheimnis, wann es geöffnet hat und wann es geschlossen ist. Aber so ist das hier, und Du wirst noch bemerken, warum.

Wind und Regen bringt der September sodann, reifende Weintrauben an Hauswänden, Äpfel und Chrysanthemen. Ich habe hier im September das Wetter eines ganzen Jahres erlebt, bis auf Schneetreiben, aber das braucht man in Abenberg nicht, weil man Kunstschnee hat und überhaupt sehr autonom ist. Selbst Druiden und „Beach-Parties" gibt es, wobei dies alles von sehr weit hergeholt ist, aber dazu später.

Stell Dir also vor, Du würdest hier nun versuchsweise leben und den Ostturm bewohnen. Aus dem 13. Jahrhundert, der Zeit der Stadtgründung, wie das Schild sagt. Es ist überhaupt alles sehr gut beschildert hier. Die Tugend der Belesenheit erübrigt sich fast ganz in Abenberg. Ein guter Turm, sagst Du Dir nun vor. Gelockt haben sie Dich zwar mit dem sogenannten Schottenturm auf der Burg, den einmal ein reicher Künstlerkollege errichtet hat, aber da ist man nun nicht fertig und so ist es eben der Ostturm, und Du beißt insgeheim die Zähne zusammen und sagst: „Gut so, dann ist es eben der Ostturm. Der Ostturm ist überhaupt viel besser für Literaten als der Schottenturm. Ganz entschieden sogar! Der Schottenturm ist nämlich viel zu überlaufen und zu groß und eine romantische Nachbildung außerdem, während dieser Turm hier echt und einsam und mückenumschwärmt in einem Winkel neben einem verwahrlosten Grundstück liegt und der Rolle der Literatur in dieser Gesellschaft sowieso viel näher kommt als der Schottenturm …“

„Wussten Sie, dass in diesem Turm nach dem Krieg fünf Personen lebten?“, fragte mich der Vorsitzende des Heimatvereins mit großen Augen bei der Besichtigung. Er hatte gerade einen Haufen verknitterter Werbezettel aus dem wenig benutzten Briefkasten gezogen und befürchtete wohl, dass ich reklamieren könnte. Sollte es dieser Mensch am Ende auch wieder nur auf Bequemlichkeit abgesehen haben, statt sich der Kunst zu opfern?, mochte er sich eine Sekunde gefragt haben. Beschämt senkte ich den Kopf. „Ein wunderbarer Turm!“, sagte ich, und er nickte bedächtig.

Man muss sich meinen Turm also wirklich ein wenig schönreden. Aber das Loben und das Kritisieren ist in Franken sowieso eine ganz andere Sache als überall sonst auf der Welt. Hier in Abenberg ist zum Beispiel alles immer entweder „einwandfrei“ oder „sehr schön“ oder „schön“ – in diesen Abstufungen, wobei „schön“ bereits bedeutet, dass es eben nicht schön ist. Die Franken reden so. Es gibt eine Unzahl lobender Ausdrücke und die Kritik muss dann aus der Art des Lobes und seiner Intonierung herausinterpretiert werden. Das ist gewissermaßen altes höfisches Verhalten und stammt aus der kaiserunmittelbaren Zeit der Gegend. Ansonsten kommt in Abenberg noch hinzu, dass hier alles berufsmäßig schöngeredet wird, von den Leitern der Tourismusämter, den Bürgermeistern, den Heimatvereinen, dem Zweckverband …, so dass eben am Ende selbst das Allerhässlichste bestenfalls noch „charakteristisch" genannt wird, während das wirklich Schöne praktisch in den Heiligenstand versetzt und den paradiesischen Sphären zugerechnet wird. Und so würde ich also, mich im Stil angleichend, nun vorsichtig sagen wollen, der erste Abenberger Turmschreiber-Turm in der Judengasse ist im Grunde charakteristisch, um nicht zu sagen sehr charakteristisch. Von innen wohlgemerkt! Von außen ist er natürlich „einwandfrei", „passt schon" und gehört zum mittelalterlichen Stadtbild, welches in Franken überall mit einer solchen Liebe erhalten wird, als wäre es das Einzige von Bedeutung, ja das Fränkische schlechthin. Dabei gibt es hier noch ganz andere fränkische Dinge. Hier pflanzt man zum Beispiel Tabak. Aber davon an anderer Stelle!

Auch soll Abenberg – Neidern zufolge – nicht die allerschönste Stadt der Region sein. Rothenburg ob der Tauber, Dinkelsbühl, ja selbst Spalt sollen in Spuren schöner sein. Ich kann da nur sagen, das ist Auffassungssache, und im Vergleich zu den allermeisten fränkischen Städtchen ist Abenberg wirklich wunderschön! Schon der Name! Ein Klang wie Erfüllung und Ruhe. Und ansonsten ein geradezu betörendes Kunstwerk aus Landschaft, Bauwerken, Marktplatz, Luft, Wäldern, Aussicht auf Bergrücken, Himmel, Gasthäusern, Pflastersteinen und Ausflugsmöglichkeiten. Eine Fußreise, etwa zum legendären keltischen Druidenstein, könnte unvergesslich werden, sollte man ihn finden;

oder nach Heidenheim im Hahnenkamm, das auf die heilige Walburga zurückgeht, nach Dinkelsbühl zur Kinderzeche, nach Nördlingen, Spielberg, oder zum Brombachsee. Die Gegend ist unerschöpflich, was das neue Freizeitverhalten unserer Zeit angeht, und dieses besteht ja nun im Wesentlichen darin, dass wir uns gegenseitig unterhalten und uns gegenseitig dafür bezahlen, wahrscheinlich um Arbeitsplätze zu erhalten. Und dieser Turm hier, dieser kleine, liebe, gute, erste Turm – und ich sage das nun bewusst so, um schon mal zu üben – dieser gute Turm also, ist nun eben für mich, oder wer weiß, bald auch für Dich, das schönste oder zumindest vorerst wichtigste Teilstück Abenbergs, und zwar übrigens auch deshalb, weil er in der Judengasse steht und so gewissermaßen ein politisch korrektes Zeichen gesetzt wird!

Was für eine wunderbare Geste, dachte ich mir sofort, und: Es war bestimmt eine bedachte Geste der Stadtverwaltung und des Heimatvereins, mir den Turm in der Judengasse zu geben. Nun gut, es sind keine Juden da, und überhaupt wissen wir nicht genau, ob jemals welche in Abenberg waren, aber ein paar müssen vielleicht doch da gewesen sein. Und selbst wenn es wirklich und ernsthaft geplant wäre, den Schottenturm auf der Burg später einmal für einen Literaten bezugsfertig zu machen, dann hätte dennoch der erste Literat, der versuchen würde, in Abenberg die Turmschreiberei zu betreiben, als Demutsübung und in Erinnerung an alte Literatursünden in unserem Land den kleinen Turm hinter sich zu bringen, was ich hiermit stellvertretend für alle folgenden Turmschreiber tue.

Der Turm in der Judengasse hat auch eine gewisse Höhe, die dadurch, dass er sehr schmal ist, noch gesteigert wird. Die Aussicht ist auf einer Seite ganz frei. Auf einer zweiten Seite sind auch Fenster, aber man blickt nur zu einer Scheune und kann sich also fragen, was höher ist, die Scheune oder der Turm. Der Turm oder die Scheune? Die dritte

Seite gibt die Aussicht frei auf ein Trümmergrundstück. Ansonsten ist man Wind und Regen ausgesetzt, wie auf einem richtigen Turm.

Man kann ein wenig leiden. Nicht nur an den edlen Schmerzen der Türmer-Einsamkeit, sondern auch ganz banal an fehlenden Bequemlichkeiten. Aber wie gesagt, ich habe mich unter das Joch der Judengasse zu beugen, und der Nächste, das schwöre ich … aber der Nächste, der bist ja Du!

Tagebuchfragmente I

Lesung im „Stilla-Saal“. Anständig gefüllt. Der Bürgermeister im angeregten Gespräch mit dem Landrat. Gott sei Dank, ein Erfolg. Eine Art Burgfräulein entdeckt. Die Wirtin des Schlosshotels, in dem anscheinend ständig Hochzeiten stattfinden. Auf dem Weg zum Klosett hängen die Zuschriften der dankbaren verheirateten Paare. Interessanterweise schreiben sie immer „Liebes Team“. Auch Fotos mit Babys sind darunter. 19

Der Bürgermeister traut eigenhändig im Burgzimmer. Von dort gibt es eine Tür zur Burgmauer, auf der man ein paar Schritte ins Freie tun kann … eine Art fränkisches Gretna-Green. Die Wirtin läuft als Burgfräulein gewandet durch die verschiedenen Hochzeiten, die gelegentlich gleichzeitig stattfinden. Ich stelle mir vor, ich käme dorthin und würde bei einer falschen Hochzeit landen, mich dort aber sehr wohlfühlen und bleiben, mit schlechtem Gewissen, dann bei der richtigen Hochzeit vorbeischauen ... Was diese Wirtin angesichts ihrer Tätigkeit wohl in fünf Jahren so von der Ehe halten wird?

Im „Michel“, einer Gaststätte unterhalb der Burg, die offenbar das bodenständige Gegenstück zum Burghotel ist, haben die Bogenschützen ihr Stammlokal. Mich zog es nach dem „offiziellen“ Akt auf der Burg gleich zur Entspannung dorthin und zwei Weißbier später hatte ich eine längere

Beweisführung gegenüber einer fröhlichen Runde, dass Irland und Franken viel gemeinsam hätten: das Bier, die dreihundert Klöster, den Regen, den Buchenholzrauch aus den Kaminen und die Landschaft, die uns Franken über alle sonstigen bereits durch den Fortschritt zerstörten Gegenden der Welt weit hinaushebt. Ich verstieg mich zu hohen Hymnen. Die Franken seien der letzte Hort einer lebenskräftigen Vernunft. Ihr scheinbar schüchterner, in Wirklichkeit aber hintergründiger Umgang miteinander sei bereits Weisheit. Ich muss sehr betrunken gewesen sein! In meinem Wahn brachte ich für die schlimmsten Stammtischbrüder und Fortschrittsverweigerer Verständnis auf. Ich fühlte mich wie Vercingetorix mit allen Kelten der Gegend in seiner letzten Entscheidungsschlacht gegenüber dem American Way of Life, einschließlich Privatisierung der Bahn …

Dann strich ich in Richtung Turm. Bei Nacht und Nebel und ohne zu wissen, wo der Schalter für den Strom war … ich tappte die Treppen hinauf und blickte durch die Fenster. Funkelndes Nachtlicht. Vom Kloster gegenüber die Glocke … Vielleicht hat das alles hier wirklich mal die Chance, zu bleiben wie es ist, schoss es mir durch den Kopf.

QUELLE
SHOP

Klöße sind mein Lieblingsessen! Jawohl! Da gibt es kein Deuteln und kein Fabulieren von Ragout fin, Pizza, Austern oder sonstigem Unsinn. Es sind Klöße! Das fing schon in meiner Jugend an, Kloß mit Soß', da gab's nichts drüber, selbst im Reich der Kartoffel! Keine Pell- und Bratkartoffel, kein Pomfrit und kein Backers, d.h. der „Backers" kam durchaus in die Nähe des Kloßes, wenn außer brauner Kruste noch recht viel dieser leicht gummiartigen, stärkehaltigen Teigmasse an ihm war, die den Kloß eben ausmacht. Das Gummiartige, Schmelzende, dieses, wie sage ich es, mich sozusagen ans Brot der frühen Jahre, oder wer weiß, an den Babybrei, die Muttermilch gar erinnernde, einzigartig zufrieden und satt machende Essgefühl, das der fränkische Kloß eben erzeugt.

Der Besitzer der einzigen und bundes-, wenn nicht europaweit bekannten Kloßteigfabrik in Abenberg sei ein typischer „Macher", meinte der Bürgermeister, der mich gerade über den Marktplatz begleitete, und ich könne ein kräftiges Frühstück dort haben. Wie sieht ein Abenberger Macher aus, fragte ich mich und ging mit. Der Macher wohnte außerhalb Abenbergs in einer spaßeshalber nach ihm benannten Stadt. Rund um diese Stadt tummelten sich Pferde, schöne Autos standen in Garagen, auch der Aufgang zum Haus war mit Steinpferden geschmückt. Im Haus glänzte der Marmor, auf dem locker arabische Teppiche lagen. Das also ist der Abenberger Traum vom Glück, sagte ich mir, und der Macher hatte uns das versprochene Frühstück serviert und saß am Tisch mit seiner Frau, sehr freundlich beide, und auch wies er mich darauf hin, dass der Schwarzwälder Schinken besser für mich sei als die Zuckerhörnchen, zu denen ich zunächst schüchtern griff.

Und dann erzählte er die Geschichte seines Werdegangs, wie er sich nicht vom Tellerwäscher zum Millionär, nein, viel schlimmer … und er sang nun ein das amerikanische Preislied auf den Erfolg durch Fleiß weit überragendes fränkisches Preislied auf den Erfolg, nämlich das Lied vom Weg des Kohlensackträgers, der in Frostnächten dunkle Kellertreppen auf- und abstieg bis hin zu einem sehr geachteten Mann der Gegend – durch nichts als eigene Leistung!

Eines Nachts vor mehr als fünfundreißig Jahren, fing er an – und die Frau des Machers nickte und sie sah aus, als würde sie sich ganz genau an jene Nacht erinnern, von der er wahrscheinlich schon hundert Mal erzählt hatte, eines Nachts vor fünfundreißig Jahren also, hatten sie zu dritt bei Frost und mit blaugefrorenen Fingern einen Wagen voller Kartoffeln geladen und waren nach Nürnberg gefahren und hatten eine Kloßteigfirma beliefert – und in dieser Kloßteigfirma nun behandelte man die drei durchgefrorenen Menschen vom Land sehr geringschätzig. Der Macher weiß noch genau, wie tief ihn das erschütterte, ja, er kann noch sagen, wo die alten Säcke standen, wo die neuen, mitgebrachten, und was das für eine Ungerechtigkeit dieser Menschen dort gewesen sei, eine Ungerechtigkeit und eine Behandlungsweise, die ihm Energie für ein ganzes Leben gegeben habe, und noch darüber hinaus, wie er sagt. In dieser Nacht also, frierend, hungrig und tödlich beleidigt durch niederträchtige Behandlung, schwor sich der Macher an der Seite seiner Frau, die dastand und auch nicht mehr weiterwusste, schwor er sich, sagte er mir an diesem Tisch und seine Frau nickte, nie mehr in eine Situation zu kommen, in der er von irgendwem in einer dunklen Frostnacht schlecht oder geringschätzig behandelt oder gar herumgeschickt werden würde. Er machte nun nämlich den Kloßteig selber, er machte ein großes Kloßessen für die politisch Einflussreichen seiner Gegend, er machte Besuche bei Marktleitern, er fand Abnehmer und ein paar Jahre später kaufte er den Laden, in dem er damals schlecht behandelt worden war.

„So geht das!“, sagt der Macher genüsslich und er sagt, er könne seine Karriere aus den inneren Entschlüssen dieser Frostnacht erklären.

Die Erzählung der Frostnacht dauert fünfmal so lang wie alles Übrige seines Werdegangs! Und jetzt steht er da und zeigt mir sein Haus und seinen Swimmingpool, auf dessen Umbauung er sich al fresco eine südliche Landschaft hat malen lassen. Der Macher verhält sich ansonsten wirtschaftlich überhaupt nicht trendgerecht. Weder reduziert er sich aufs sogenannte Kerngeschäft, noch entlässt er Leute, die er nicht mehr braucht. Er macht kein Outsourcing oder sonstige amerikanische Wirtschaftsgenialitäten mit und er spart nicht, sondern kauft ein mitten in der Krise und lässt die Wagen seines Fuhrparks aufwändig bemalen. Er hat alles. Er hat seinen Arbeitern Häuser gebaut und eine Art Ranchermythos erzeugt, sagen wir eine Art Ponte-Rosa-Gefühl – mit Pferden, Autos, Trucks, Fabrik und Schlosserei und Hunderttausenden von Kartoffeln unter eigenartig grünblauem Licht. Er steht im fränkischen Gras inmitten seiner Leute und scheint vor lauter Glück recht wenig zu bemerken. Aber ich bin sicher, er sieht alles. Ein Patriarch der milden Sorte sozusagen, der die Stimme nie erhebt, selbst im Zorn, und der doch alles kriegt. – „Tu di net ab wegen der Kartoffeln“, sagt der Bürgermeister eben noch zu ihm, als die bestellten drei Sack nicht gleich stehen, wo er sie haben will. Aber der Macher sagt „Wart ner, des krieg' mer scho", und dann redet er mit einer Angestellten ungefähr fünf Worte, und die zieht los und wird jetzt irgendwo im Labyrinth des Kloßteigkönigs sehr präzise, und dann stehen die Säcke da, fast wie von Zauberhand, und der Chef lächelt kaum merklich, eigentlich bewegt er nur genießerisch die Unterlippe und ich freue mich, denn die Säcke sind für mich.

Es seien die besten Kartoffeln der Welt, sagt der Macher, und ich müsse eben ein wenig geduldig sein beim Schälen, denn sie seien nur so groß wie sehr, sehr kleine Eier. Aber im Ganzen gegessen und mit etwas Petersilie in Butter geschwenkt seien sie unübertroffen und so gut, hach so gut, wie Kartoffeln eigentlich gar nicht sein könnten.

Zum Schluss zeigt er mir noch einen Truck. Ein Gefährt, das zwei Kilometer Bremsweg habe, wie er sagt, und auf dessen Seitenwänden der amerikanische Adler und die vier Präsidenten und ein Lassoreiter und ein Indianer abgebildet sind. Amerika eben – und die Freiheitsstatue hat eine Orginalpackung seiner Produkte unterm Arm und hebt die Fackel der Freiheit und scheint hinauszurufen in die Welt: „Wart ner, des krieg mer scho!"

Ponte-Rosa wie gesagt, mit Lassowerfern, Viehtransportern, Arbeitern aus fünf Nationen. Ich bin kein Wirtschaftsmensch, aber dass diese Sache nicht wegen der Rechenkünste des Machers funktioniert, sondern aus einem dahinterstehenden fränkischen Geheimnis, einer Art innerer Verschworenheit aller dort angestellten Kloßteighersteller und Fahrer und Schlosser und Packer und Schäler, das verstand ich sofort. Ansonsten gab es noch eine Maschine, die mich faszinierte. Da wurden über einen Spalt von einem halben Meter Tausende von Kartoffelschnipseln von einem Förderband auf ein anderes geworfen. Ein Sensor erkannte diejenigen Stückchen, an denen eine winzige schlechte Stelle war, und sortierte sie durch einen Luftstoß aus. Die

Geschwindigkeit dieses Sortiervorgangs war so groß, dass sie mich an die Geschwindigkeit von Gedanken erinnerte.

Also, Sie verstehen. Man kann essen und man kann sich sättigen, man kann im Abenberger Burghotel sündteure Barbarie-Entenbrüstchen köstlich finden und man kann sich mit einer Erbswurstsuppe im Literatenturm über Wasser halten. Aber nichts geht über das Gefühl, wirklich satt, warm und geborgen zu sein – wie es beim Kloß eben der Fall ist! Es ist etwas, das beim Kauen aufkommt, dieses unter den Zähnen nachgebende Etwas, das das Kauen im Wortsinne eigentlich gar nicht recht aufkommen lässt, das es vielmehr gleich in eine Art Mampfen verwandelt oder, wie soll ich sagen, in ein langsames, genussvolles Zerschmelzen des Knödels, das zugleich nach Heimat süchtig macht und „Kloß" bestellen lässt, wenn es „Kloß" gibt, so dass ich mich, wenn ich ab jetzt einen Kloß in Abenberg esse, gleich zweifach gestärkt fühle, einmal sowieso – und das zweite Mal, weil ich mir im Andenken an den Macher aus Wassermungenau auch angesichts der größten Lebensprobleme nun immer tröstend vorsagen werde: „Wart ner, des krieg' mer scho!"

Brief an den Turmschreiber II

Lass Dir einen Ratschlag geben! Sei dankbar! Dass Schriftsteller und Turmträumer in diesen Zeiten überhaupt noch öffentliches Geld dafür bekommen, täglich in die Luft zu schauen, nichts zu tun, als ausgiebig mit Prominenten zu frühstücken und absurdesten Fragen nachzuhängen – sagen wir, wie viel Pflastersteine in Abenberg wohl verlegt sind – dass man Dir Turm, Nahrung und Stadtführung offeriert, ja dass der Bürgermeister persönlich Dich zu allen möglichen netten Leuten führt, die Dir nützlich sein könnten, das ist sicher die Ausnahme. Ja, nicht einmal vernünftig ist es, und das Risiko eines Immage-Schadens für Abenberg ist durchaus hoch. Ich erinnere nur an einen Kollegen, der, in Dinkelsbühl und Nördlingen vor Jahren anwesend, beiden Städten zugleich gerecht werden wollte, indem er einen Stadtschreiberbericht zum Thema „Dünklingen" schrieb.

Aber ich wollte Dir ja eine ganz andere Geschichte erzählen. Etwas, das Licht in Deine eigenartige Existenz wirft. Du kennst ja den Trojanischen Krieg. Er dreht sich bekanntlich um die Rückgabe der schönen Helena – zehn Jahre lang. Wie absurd doch! Sag, hast Du Dich nie gefragt, wie absurd der Grund des Trojanischen Krieges ist?

Es gibt ein Theaterstück, das die Frage dieses eigenartigen Anlasses aufnimmt.[2] Nur Geduld! Es hat wirklich mit

Deiner Rolle als Turmschreiber zu tun! Also, Odysseus hat den Auftrag, den Trojanern auszurichten, wenn sie Helena herausgäben, wäre alles vergessen und man würde abfahren. Wenn nicht, nun, dann würde es eben einen Sturm auf die Stadt geben.

Odysseus ist schlau. Er denkt sich, dass die Sache so einfach nicht sein wird und hat sich noch ein paar Zusatzargumente zurechtgelegt. Helena sei nun nach zehn Jahren Krieg auch nicht mehr die Jüngste, sagt er sich vielleicht. Auch sei man ihrer längst müde, sie selber habe außerdem auch nicht viel von den Trojanern zu erwarten. Schließlich habe es wegen ihr ja ziemlich Ärger gegeben. Was also will sie noch dort, sie soll endlich heimkommen.

Die griechische Delegation wird in Troja empfangen. Die Antwort auf Odysseus' Argumente soll dann ein höfischer Beamter geben, der für Stadtvermessung, Gewichtskontrolle und das Maßwesen zuständig ist, der Geometer. Und dieser sagt nun das Folgende: „Wir Geometer waren bis vor kurzem von Trojas Umgebung weniger erbaut. Dort, wo sich Ebenen und Hügel aneinanderschließen, fehlte es den Linien an Schwung. Dort, wo Hügel sich an Berge lehnen, war die Linie wie aus Draht. Aber seitdem Helena hier ist, hat die Landschaft ihren Sinn, ihre Form erhalten. Und – ein Vorzug, für den wir Geometer besonders empfänglich sind – Fläche und Volumen besitzen nunmehr ein gemeinsames Maß: Helena! Durch sie sind alle Instrumente, um das Weltall zu verkleinern, zunichte geworden. Es gibt keine Meter mehr, kein Gramm, keine Meile. Es gibt nur mehr den Schritt Helenas, die Tragweite des Blickes und der Stimme Helenas, die Elle Helenas und der leise Luftzug, den ihr Schreiten verursacht, ist das Maß der Winde …“.[3]

Nun, darauf ist Odysseus natürlich nicht vorbereitet. Allein die Anwesenheit Helenas, sagen wir, ihr Umherspazieren auf den Burgzinnen, verschönerte für die Trojaner offenbar die städtische Umgebung und gab dem Leben sozusagen einen zusätzlichen Sinn. Wir stellen uns vor, die Einwohner diskutieren plötzlich über Landschaft und sagen, es komme ihnen nicht mehr so auf das Zählen und Messen an, die Atmosphäre sei wichtiger …

Merkst Du, worauf das alles hinausläuft? – Na gut, Du bist nicht Helena! Du bist womöglich nicht mal eine Frau. Aber ich behaupte nun, Du bist für Abenberg so etwas wie Helena. Eine heikle Aufgabe, das kannst Du mir glauben. Plötzlich spricht der Bürgermeister über eine neue Stadtbegrünung, der Verantwortliche für den Fremdenverkehr redet von „Atmosphäre" und ein neues „Literaturkaffee" soll plötzlich eingerichtet werden, statt bloß eine Bibliothek. Jemand besucht Dich und hat etwas geschrieben, das zur Verbesserung der Sitten der Stadt beitragen würde, ein dritter, vierter, fünfter kommt, sammelt für Afrika, indem er eine Fahrradtour durch Europa macht! Diesen Aktivitäten gerecht zu werden, das sind so Deine Aufgaben; und hier nicht Missgunst entstehen zu lassen, sondern sozusagen schwebend zwischen dem eigenen Nichtstun, den Erwartungen der Menschen und dann doch wieder in überraschenden Taten, zwischen Lob und Tadel, Freundlichkeit und geflissentlichem Übergehen der Einen und bewusstem Herausstellen der Anderen immer das Richtige zu tun, das ist Deine, glaub mir, schwere Aufgabe.

Die Kunst besteht sozusagen im richtigen „Umherwandeln auf der Stadtmauer", wenn ich das mal so ungeschickt ausdrücken darf. Im Reden mit den Menschen, im Fingerspitzengefühl, die gestellten Aufgaben eines Turmschreibers immer genau zu erraten, obwohl sie ja eigentlich niemand kennt. Und es ist, das sage ich Dir auch, wirklich nur zu bewältigen, wenn Du auf Eitelkeit vollständig verzichtest und das, was erwartet wird, sozusagen fröhlich und unbekümmert durchführst, als hättest Du es selbst gewollt – und natürlich noch bevor man es erwartet. Denn, was man erwartet, das wirst Du eh nicht erfüllen … Ein Kunststück!, sagst Du. Recht hast Du! Denk an Helena! Und „kein Gramm und keine Meile“ – Kosten, Nutzen, Geld, Berechnung, weg damit! Nimm von Deinem eigenen Geld, wenn das Turmschreibersalär nicht ausreicht, stifte etwas, einen neuen Wegweiser, eine Parkbank, einen Stadtbrunnen – erzeuge Enthusiasmus! Ich weiß, Du bist wahrscheinlich bloß ein Mann, wie ich, und deswegen sollte man später in der Stadt ja auch mal an eine schöne Türmerin denken! Frauen auf Türmen sind sehr selten.

Und noch ein Punkt: Wahrscheinlich kannst Du ja das Arbeiten nicht lassen. Du machst zum Beispiel mit einem Wattestäbchen gerade die Tastatur Deines Schreibcomputers sauber, denkst schon seit zwei Tagen nach und versuchst die klemmenden Fenster Deines Turmes aufzubekommen. Ich sage Dir, hör auf mit solchen Versuchen! Gehe lieber in den Ort. Du bist jetzt aufgenommen in die örtliche Prominenz. Mach Dich bekannt unter den Leuten, schau zu wie der Tabak geerntet wird. Die Zeitungen schreiben von Dir – etwa dass Du gesehen worden seist auf dem Golfplatz beim Karpfenweiherturnier, oder dass Du mit dem Bürgermeister eine Tabakfabrik besichtigt hättest und anschließend ziemlich lange beim Griechen gesessen seist, woraufhin Du, nachdem der Bürgermeister schon lange gegangen, im Nieselregen stehend dem westlichen Stadttor nach dessen mitternächtlicher Besichtigung eine Rede gehalten habest – mit wehendem Mantel und sinnierend über den Lauf der Zeiten, die allein Du so schmerzvoll in all ihrer Tiefe und Haltlosigkeit empfindest, dass sie Dir weh tun, die Jahre und Jahrhunderte, oder dass sie Dich gar in einen Rausch versetzen, der Dir Vergangenheit und Zukunft und den Wirbel der Zeiten vergegenwärtigt. – Nein, es sind nicht die drei Weizen und vier Schnäpse, die jetzt alles kunterbunt vermischen und verbinden! Es ist Deine Aufgabe als Türmer und Wächter der Zeiten in dieser nieselregenkühlen Nacht, die eben nicht nur diese Nacht ist, sondern jede Nacht sein könnte, von Anbeginn der Zeiten und dem triefenden Nichts dieser feuchten, fränkischen Stadt bis in alle Zukunft, von deren Höhen man auf Abenberg blicken soll, so wie man heute auf das verschwundene Troja blickt, das ja nur noch in unseren Erzählungen schwebt und das von Schliemann – welch Ironie der Griechenbegeisterung! – irrtümlich weggeräumt wurde, um eine darunterliegende, noch viel ältere Stadt auszugraben, deren Namen keiner weiß und die wir jetzt „Troja" nennen und aus der wir den „Schatz des Priamos" haben, der natürlich gar nicht der Schatz des Priamos ist, der aber in alle Ewigkeit so heißen wird, weil es einen Dichter gibt, der die Odyssee geschrieben hat und einen zweiten Dichter, der Helena auf der Stadtmauer spazieren gehen ließ. Und wer weiß, wie es mit anderen großen, anbetungswürdigen und angebeteten Dingen auf der Welt ist – vielleicht sind sie ja am Ende doch nur Gedankenströme von Poeten. Unhaltbar in die Jahrtausende schweifend und unserem ärmlichen Leben ein wenig Sonnenschein und Tiefe einhauchend. Denn was ist schon das Hier und Jetzt! Hier und Jetzt, das ist doch nur der Nachhauseweg unter dem Stadttor durch, links das Rathaus, rechts blinde Fenster. Links der Stilla-Brunnen, rechts eine Bank, links der Laden mit dem Quelle-Shop und rechts der geschlossene Gasthof Stern, der bald wieder öffnen möge! Und dann kommt eigentlich schon das andere Stadttor. Ja, man ist schnell durch in Abenberg! Doch das Geheimnis lebt! – Und sieht man dann noch den kleinen, warmen, trockenen und leuchtenden Turm in der Judengasse, dann verwünscht man alle, die behaupten, mein Literaturturm sei hässlich oder gar zu lächerlich im Vergleich zum großen schönen Turm auf der Burg. Hier, mein kleiner guter Turm, sage ich mir, mein Abenberg, was brauche ich die anderen Türme und was brauche ich andere Städte! Hier werden die Leute einmal sinnend stehen, denn hier fing alles an!

Brunnenreinigen

Der Heidenheimer Klosterbrunnen liegt außerhalb des Kreuzgangs unter schattigen Buchen in einer baumbestandenen Mulde. Ein wenig sieht er aus wie ein Häuschen mit einem Geheimnis. Man fragt sich, was das Geheimnis sein möchte und weiß natürlich, hier hat alles begonnen. Das Kloster, die Kirche, die Kultivierung des umliegenden Landes. Und vieles Andere beginnt natürlich auch nach wie vor hier, die Liebe etwa. Ich stelle mir vor, dass die Jugendlichen des Marktfleckens Heidenheim dort stehen, ein junges Paar, nachts an die Holzbalken gelehnt über die ganze Welt sprechend, er, zigarettenrauchend, erklärt ihr etwas und sie – nickt.

Tagsüber hört man im Fließen des Wassers gelegentlich die Orgel vom Münster und das Rauschen der Blätter in den Baumkronen. Die Vollkommenheit des Geräusches von fließendem Wasser, das Geräusch des Windes in den Blättern und die hergewehten Töne der Orgel, dazu das Sonnenflirren im Schwanken der Äste und der unendliche blaue Raum über den Münstertürmen, dies alles ist von einer Unnachahmlichkeit, die durch Menschenwillen allein nicht herstellbar ist. Es ist aber dennoch zustande gekommen, und es würde von demjenigen gekostet, der zum Beispiel die Heidenheimer Klosterquelle täglich reinigen würde.

Ein eigenartiger Gedanke, ich weiß. Aber vielleicht käme es auf einen Versuch an! Ich stelle mir vor, ich käme jeden Morgen hierher und kehre die Steine. Jeden Tag. Wenn es geregnet hat, schabe ich das Erdreich von der Umfassung und fische Blätter und Insekten aus dem Wasser. Sehr nützlich wäre meine Tätigkeit zugegebenermaßen nicht. In der folgenden Nacht schon würde vielleicht das nächste Liebespaar hier stehen, er würde rauchen und ihr etwas erklären und sie würde nicken und ein Schokoladenpapier fallen lassen, oder der Regen würde kommen und Schlamm vom Hang herab über die Steine ins Brunnenbecken schwemmen. Aber – wie soll ich sagen – für mich ist es, als müsse es eben genau so sein und als würde durch meine unablässige Tätigkeit dieser Ort und dieser Stein und als würden auch diese Bäume ganz besonders zu mir sprechen. – Wenn ich im Münster stehe, nur so als Beispiel, so ist es, als könne ich von hier aus das Fließen des Wassers und Windrauschen in den Buchen über der Quelle hören. Ich sehe das weiße Häuschen mit seinen braunbespritzten Füßen und frage nach seinem Geheimnis.

Den Stilla-Brunnen in Abenberg könnte ich natürlich auch auf diese Weise reinigen, täglich. Früh! Von meiner eisernen Leiter am Turm hinuntersteigen im Morgengrauen mit Eimer und Rechen und einem Netz zum Abfischen der Blätter. Was die Abenberger wohl sagen würden? Würden sie sich denken: Jetzt ist er völlig irrsinnig geworden, unser Turmschreiber?

Bei der täglichen Reinigung des Stilla-Brunnens würden mich dann vielleicht auch die hergewehten Töne eines Orgelspiels aus der Stadtkirche trösten, und genauso, wie ich mir jetzt Gedanken über die Heidenheimer Klosterquelle mache, könnte ich auch bemerken, dass ich mir zum Beispiel Gedanken über eine günstigere Konstruktion des Stilla-Brunnens mache. Der Fuß der Brunnenschale etwa. Ist er wirklich gelungen? Und dann stelle ich mir zum Beispiel vor, jeden Morgen würden in fränkischen Städtchen die Brunnenreiniger aufstehen, noch vor Sonnenaufgang, wie eine seltsame Schar von Priestern, keine städtischen Reinigungstrupps, die mal den Brunnen reinigen und dann wieder ein Verkehrsschild aufstellen. Nein, ich stelle mir echte „Brunnenreiniger" vor, eine Art stille Tätigkeit einzelner, extra dazu ausgesuchter Menschen, die diese Aufgabe der Pflege übernommen haben und sie durchführen wie ein öffentliches Gebet. Es könnte doch sein, dass von solch einem Beispiel für die Pflege der sonstigen öffentlichen Anlagen – ja wer weiß, der öffentlichen *Angelegenheiten* sogar – eine sehr heilsame Wirkung ausginge.

Mit den heiligen Brunnen fängt es überhaupt an! Die Quelle wird gefunden, jemand beschließt, zu bleiben, dann wird um die Quelle ein Kloster gebaut oder eine Stadt. Meine Eltern, ja, auch meine Eltern, standen auf ihrer Hochzeitsreise – die sie, wie sie erzählten, mit einem Motorrad in Franken kurz nach dem Krieg absolvierten – an der Heidenheimer Klosterquelle an einem Gartenzaun, der damals diese Quelle umgab. Mein Vater rauchte und erklärte etwas, und meine Mutter nickte und dachte sich etwas. Und dann trat mein Vater seine Zigarette aus, oder er schnippte sie ins Wasser, wer weiß, und küsste meine Mutter. Und nun sehe ich, dass auch gerade eben ein Liebespaar auf der Bank am Stilla-Brunnen sitzt. Die Blumen duften. Der dünne Strahl des Brunnens erzeugt ein nach Ewigkeit klingendes Geräusch, und man hört dazu das mittägliche Besteckklappern aus den Fenstern …

Brief an den Turmschreiber III

Worüber man schreiben soll als Turmschreiber? Nun, an einem Manuskript weiterarbeiten, das Du woanders angefangen hast, wäre Verrat! Abenberg muss sein! Die Umgebung ist erlaubt und jede gewöhnliche oder ungewöhnliche Perspektive. Ansonsten bietet die Gegend genügend Kraft. Und es ist auch gleichgültig, ob Du noch nie beschriebene Apfelsorten in den Triesdorfer Lehranstalten beschreiben willst oder lieber Dinkelsbühl! Auch Stilla-Forschung ist möglich, denn mindestens ein Saal, eine Apotheke, ein Brunnen und drei Grablegen sind nach Stilla benannt, und ich kann mir vorstellen, dass tatsächlich das Herz des einen oder anderen Abenbergers nach wie vor für ihre Heiligsprechung schlägt. Sodann wäre da der Burganger, an dem auch unser berühmter Kollege Wolfram literarischen Anteil hat. Die Hüterin des Hauses fränkischer Geschichte auf der Burg veranstaltet gerade eine Ausstellung. Sie heißt „Bereit zu turneie unt zu strit“. Eine Zeile aus dem Parzival. Wenn er den Gral das erste Mal betritt, liest Du einen Vergleich mit dem Streitanger zu Abenberg, heute die Wiese an der Mauer links neben dem Aufgang zum Hotel und eigentlich recht hübsch gelegen, um in der Sonne zu sitzen. Die berühmten Worte lauten: „Gleich dem anger z'abenberc.“

Tja, das ist leider schon alles. Aber immerhin – der heilige Gral und Abenberg! Und auch im berühmten Sängerkrieg auf der Wartburg taucht Abenberg auf.[4] Es muss also ziemlich bedeutend gewesen sein.

Neben der Burg ist die Kirche sehr mentalitätsprägend, was mit allerlei Einflussnahmen der Eichstätter Bischöfe zu tun hat und bis in die hundertjährige Klöppelzeit des Ortes reicht, in welcher Nonnen aus dem Kloster Marienburg die Bevölkerung Abenbergs im Spitzenklöppeln unterrichteten, „auch die Männer und selbst Kinder", steht im Stadtführer. „Für jüdische Synagogenausstattungen" steht auch da, und das erinnert mich natürlich sofort wieder daran, dass ich in der Judengasse wohne. Ich frage mich, ob es nicht eben doch Juden in Abenberg gegeben hat, die mir bisher nur verschwiegen wurden. Jedenfalls arbeiteten einst Abenberger Klöppler silber- und golddrahtbewehrt für jüdische Synagogenausstattungen in Fürth. Das Klöppelmuseum also und eine direkte Verbindung ins fränkische Jerusalem einschließlich der Leonischen Drahtwerke. – Forsche, mein Freund!

Die Burg und das befestigungsartige Moment Abenbergs ist aber älter und wie ich fühle, atmosphärisch nach wie vor dominierend. Die Geschichte, nach der ein Schleier im Wind von der Burg zum gegenüberliegenden Hügel flog, ist zwar kaum glaublich, aber der Wind weht gelegentlich stark hier, und so an den Zinnen stehend finde ich es möglich, dass ein Frauenschleier so weit fliegt. Historisch interessant erscheint mir auch, dass der hl. Bonifatius hier vorbeikam. Auf dem sogenannten gelben Berg stand damals eine Festung, die wohl noch aus der Römerzeit stammte. Ach ja, die Römerzeit! – Aber das muss ich jetzt nicht vertiefen. Es sei nur erwähnt, damit Du auch sicher den Limes besichtigst. – Hier drängt sich ja manches zusammen. Eine Art Steinbruch der Weltgeschichte. Wo man nichts mehr weiß, ranken Geschichten und Bilder und geben uns den wahren Halt. Soll ich Dir mein Anfangsbild für das erste, historisch natürlich nicht fassbare Abenberg verraten?

Gras! Unbewaldete Hügel. Im Süden eine eigenartige Erhebung, ein Findling, der ein alter Opferstein sein soll. Ansonsten horizontweit nichts außer dem unendlichen Wiegen langer Halme im Wind. Wolkenjagen. Eine Art Holzturm auf einer Aufschüttung. Darunter strohgedeckte Hütten. Eine Ziege auf einem Dach!

Gestern sah ich jedenfalls dieses Bild vor mir auf meinem Turm. Ich sah ins Land, die Sonne schien, die Wolken zogen, die Mückenschwärme standen in Säulen und da lag es, das ewige Abenberg! Vielleicht grasten auch Pferde … Pferde gibt es nach wie vor hier, sogar einen Reitverein und gelegentlich früh, wenn man spazieren geht, kann man Pferde sehen, die bis zum Bauch im Nebel auf den Weiden stehen. Die Germanen sollen nach Tacitus ja besondere Pferde besessen haben, aus deren Schnauben sie die Zukunft deuteten. Man stelle sich vor, das Luftschnauben eines Pferdes als Zukunftsanzeige … erinnert Dich das an etwas?

Im Museum kann man das alles nachvollziehen, selbst die Kargheit des „fränkischen Sandes“ wurde mir dort in einem der Zimmer demonstriert, mit drei Schaufeln, auf denen unterschiedlich steinige Böden – oder soll ich besser sagen Sandhäufchen – museumsdidaktisch zu einem überzeugenden Beweis des fränkisch kargen Bodens und der Mühsal der kleinen Leute aufgebaut waren. Ich war sehr gerührt und auch erstaunt, mit welchen Einfällen man hier angesichts fehlender Exponate abstrakte Sachverhalte anschaulich macht. Auch hatte ich sofort die Idee von einem Turmschreibermuseum, mit kleiner Schreibmaschine, die natürlich mit Blumen bepflanzt sein müsste, Stiefmütterchen oder Veilchen etwa auf einem nie benutzten Schreibtisch, während die Fotos der ersten Turmschreiber sich braun in der Hitze krümmen …

Um die drei Schaufeln in diesem Museumszimmer lag eine Anzahl kleiner Zettel, Botschaften von Schulkindern, von ihrer Liebe zu Franken und fränkischer Landschaft, die viel sichtbarer und mächtiger durch die Fenster wirkte, als die drei Schaufeln fränkisch karger Erde es je gekonnt hätten. „Unser schönes Franken soll immer so bleiben", stand auf einem der Briefchen. Die Direktorin dieses Museums ist übrigens das Gegenstück zur Kargheit des fränkischen Sandes – das Korn, das hineinfällt sozusagen und ziemlich rastlos in Tugenden wie auch Ideen –, aber auch dazu später.

Richte Dich erst einmal ein. Ich habe einen Teekocher gekauft, Du könntest von Deinem Honorar noch ein paar Tassen anschaffen, denn Du wirst hier viel Besuch bekommen, und wenn Du nicht gelegentlich den Turm zumachst und Dich irgendwohin flüchtest zum Schreiben, Dich also versteckst, sagen wir in den Gasthäusern, im Wald beim Druidenstein, wenn Du Dich also, sage ich, nicht davonmachst aus Deinem Turm, dann wirst Du nicht schreiben, jedenfalls wirst Du nicht zum tiefen, schauenden Schreiben kommen. Also fliehe! Nicht hier ist der Ort, im Turm von Abenberg, den Turm selbst, ja Abenberg musst Du meiden, und Du darfst erst zurückkehren, wenn die Unruhe verebbt ist. Dann kannst Du arbeiten. Und auch die Arbeit, ich sagte es ja schon, besteht weniger im Schreiben …

Druidenstein oder
Once Upon a Dinkelsbühler

Ich weiß, man soll nicht alles verraten, aber meine Geburtsstadt ist nicht Abenberg, sondern Dinkelsbühl. Allerdings wohnte ich in Dinkelsbühl nicht lang und zog dann fort, genau genommen gleich nach meiner Geburt. Mein Vater hielt damals die Kinder in einigen Dörfern rund um den Hesselberg zum Hochdeutschen an. Austauschweise brachte mir die Dorfjugend den einen oder anderen fränkischen Urlaut bei. Das Fränkische als „Sprache" lernte ich nie. Es gibt natürlich so etwas wie ein Wiederklingen in mir, wenn ich, sagen wir, ein Ehepaar auf der Bank vor dem Haus in Abenberg in Burgnähe nach dem Weg zum Druidenstein frage. „Aber doch heut nimmer?", fragt also der Mann sofort, weil er mir mein Vorhaben ansieht, beschreibt mir aber dennoch getreulich den Weg, indem er sich mehrmals unterbricht und „Mäbenberg" sagt, oder besser „zerscht" mit dem Auto nach Obersteinbach, oder nein, besser „zerscht" nach Untersteinbach. Also das Auto sei auf alle Fälle besser …

Man soll dem Rat Einheimischer folgen, das hatte mir schon mein Vater eingeschärft. Immer! Aber der Mann sagt jetzt „Naa, naa" und unterbricht sich, denkt nach und dreht sich mit geschlossenen Augen auf eine Seite, so als ob er sich den Weg von Untersteinbach aus vorstellen wollte, den er, wer weiß, vor zwanzig Jahren zuletzt gegangen ist. Die schon ahnbare Abenddämmerung erscheint mir die richtige Zeit, einen Druidenstein zu besichtigen. Dass ich dazu ein Auto brauche, glaube ich nicht. Du sollst immer den Einheimischen folgen – mein Vater. Mein Vater war damals Junglehrer und verfasste eine Unterrichtseinheit zu Kammerstein, meine Mutter las Dostojewski und zusammen holten wir das Wasser vom Kirchhof. Ich wurde sehr karg erzogen. Zwei Stunden laufen? Wunderbar!, denke ich und „Mäbenberger Wald". Eine Karte brauche ich, versehen mit so viel fränkischen „danübr" und „danuntr" und „links" und „zerscht" und „hernach" nun eigentlich auch nicht. Man ahnt, worauf das Ganze hinausläuft. Aber wer kennt sie schon, die weitläufigen Wälder Frankens!

Goethe zum Beispiel – nein, es dauert bestimmt nicht lang! –, aber Goethe hat, durch einen würdigen Heimatautor des Landkreises Roth namens Hetzelein kommentiert, hier in der Nähe etwas Zeit verbracht und zum Beispiel drei Tagebuchsätze über die schlechte Straße von Ellingen nach Gunzenhausen und sogar über Wassermungenau verloren. Der Reisegefährte Goethes war damals der Schweizer Professor und Maler vieler italienischer Ansichten Johann Heinrich Meyer. Der Weg „roter Sand", dazwischen „Knüppeldämme in düstern Fichtenwäldern".

Auch das hätte mir Warnung sein können. Aber das schlägt man natürlich in den Wind nach zweihundert Jahren. Damals war es anders, die Häuser strohgedeckt, im Reisewagen Wärmflaschen und ansonsten … der Kammerdiener Johann Ludwig Geist, der am 4. November 1797 abends im „Goldenen Engel" in Grossenrieth Goethes Tagesproduktion ins Reine schrieb …

Ich weiß, ich sollte nicht zu viel auf einmal erzählen. Also wiederhole ich, nicht Abenberg, Dinkelsbühl ist mein biologischer Glanz- und Anfangspunkt. Schaudig hieß der Arzt, den meine Mutter vor meiner Geburt konsultierte und ab und an mit Hilfe des Busses von Obermichelbach her aufsuchte. Die Jahre nach meiner Geburt war ich blass, erinnere ich mich, und bekam die Höhensonne. Also gut, jetzt ist es heraus, ich sah Dinkelsbühl ziemlich häufig, ich besuchte es geradezu regelmäßig; blind natürlich. Ich sah weder die Arme der Wörnitz, noch die Farben der Fachwerkhäuser, noch die sich seit Jahrhunderten elastisch unter den Steinen wiegenden Balken der Marktplatzfassade. Ich sah ganz andere Dinge, was Kinder eben so sehen, einen Hund oder ein Motorrad. Ich stolperte aus dem Bus an der Hand meiner Mutter, lag dann unter der Höhensonne und hatte eine schwarze Brille auf. Der Raum roch sehr nach Ozon. Dr. Schaudigs Autorität war in Gestalt einer strengen Frau in weißer Schürze anwesend, die nach dem Klingeln eines riesigen Weckers meinte, es sei nun genug. Das war es bis ich dann wiederkam.

Ich fuhr so weit um die Stadt herum, bis ich mir sicher sein durfte, sie wie Goethe vom Segringer Tor her zu betreten und zur alten Reichsposthalterei „Drei Mohren" zu gelangen, wo ich mir vornahm, die von Goethe hinterlassenen Bemerkungen zu würdigen: „Dinkelsbühl, fruchtbare Lage. Die Stadt hat zwei Wälle, ist alt aber reinlich; man sieht wenig Gärten, guter Fruchtbau, sandiger Weg …"

Den Druidenstein hätte ich nach Auskunft meiner abenbergischen Gewährsleute am besten von Untersteinbach aus erreicht, wo man zuerst durch den Ort gemusst hätte, bis zu einer Gerätehalle und dann eigentlich „wieder auf Abenberg zu". Sogar ein Schild war versprochen. Was mich ritt, jetzt quer durch Abenberg am Kloster vorbei Richtung Mäbenberg zu spazieren und dann auf einer Fläche von einigen Quadratkilometern querfeldein einen Stein zu suchen, der zugegeben übermannshoch und sagenumwoben, aber doch eben versteckt zwischen Kiefern lagern sollte, weiß ich nicht. Septembertage sind auch nicht allzu lange hell und die Landschaft ändert sich im Lauf der Jahrtausende. Zur Keltenzeit etwa gab es hier keine Wälder. Ich hätte den Stein also von Weitem gesehen. Ich wäre darauf zugelaufen. Aber die Dinge ändern sich! Auch Goethes „Drei Mohren" zum Beispiel war inzwischen Metzgerei mit Goethe-Gedenktafel.

Als ich damals nach Dinkelsbühl kam, ließ ich mich übrigens getreu einem weiteren Goethewort, „lieber dem Beutel angemessen mit gutem Appetite zu speisen als teuer und standesgemäß", nicht lange von den vielen schwarzen Adlern, goldenen Hirschen und Ratstrinkstuben beeindrucken, sondern wählte das China-Restaurant Schanghai in der Nördlinger Straße, das es heute auch schon nicht mehr gibt. Es wurde Dinkelsbühl nicht gerecht, muss ich sofort zugeben. Nach dem Essen machte ich die Runde. Alles zartgelb, zartgrün, zartrosa, zartocker, die Fenster schön schneeweiß und frisch isoliert. Die Firma, die nach der deutschen Wende Weimar renoviert hatte, musste kurz darauf hier vorbeigekommen sein. Einige Geschäfte sahen aus, als wären sie nicht ausschließlich für touristischen Bedarf ausgelegt, ansonsten war eines wirklich bemerkenswert: die Buchhandlung gegenüber der Georgskirche, eine labyrinthische Anlage auf mehreren Stockwerken, zwischen Strebepfeilern, Balken, Balkönchen und Zimmern mit Tischen und Regalen, in denen das Neueste und Beste in einer Reichhaltigkeit ausgebreitet lag, dass ich mich unwillkürlich fragte, wer denn in Dinkelsbühl außer Enzensberger, der hier aufs Gymnasium ging, aber inzwischen in München wohnt, so eine faszinierend labyrinthische Buchhandlung brauchte.

Der Mäbenberger Wald war auch sehr labyrinthisch. Als ich das Kloster erreicht hatte, war es schon dämmerig, aber die Straße war gut, eine Fahrstraße gar, die aufwärts strebte. Nach Mäbenberg durfte ich nicht, die Frage war natürlich, wo ich abbiegen sollte. Ich bog nach einer gewissen Zeit ab, nachdem ich mir erschöpft genug vorkam, um anzunehmen, dass der Druidenstein nun schräg rechts vor mir liegen müsse, aufwärts ging es jetzt eigentlich auch nicht mehr und der Weg, den ich genommen hatte, schien vertrauenswürdig. Mit der Zeit wurde ich unsicher. Aber zunächst wirkt in solchen Fällen noch der Vorwärtsdrang. In Dinkelsbühl erhielt ich übrigens – nur so zum Vergleich – bei meinen Irrgängen eine musische Begleitung in Person einer offiziellen Stadtführerin, und nicht nur das Wissen und die gemeinsamen Kenntnisse, die im Zusammengehen gleichsam höhere Energie fließen lassen, sondern auch meine Schwäche, mich in unbekannte Frauen zunächst immer gleich probeweise zu verlieben, trösteten mich über manche Unbill. Im Mäbenberger Wald war es anders.

„Es ist zu spät!", musste ich mir sagen, nicht nur, dass ich genau genommen gar nicht mehr wusste, ob dieser Weg irgendetwas mit dem Druidenstein zu tun hatte, es begann auch zu nieseln, sehr fein zwar, aber mahnend. Nun bin ich ein guter Läufer. Regen macht mir nichts aus, von unten die Wärme, das treibt die Feuchtigkeit aus den Kleidern. Ich war perfekt angezogen, zum Glück, wie ich sagen muss, und ich war durchaus guten Mutes, wenn auch etwas besorgt darüber, dass dieser Spaziergang nun wohl nass enden würde, und was sollte ich dann machen in meinem Turm? Der Turm war nicht daraufhin angelegt, dass einer nass nach Hause kam, vor allem, wenn der Schlüssel zum Gästehaus sich im Hotel befand und ich erst dort hinauf müsste und vielleicht erst nachts um zwei oder drei dort hinauf käme. – Also zurück!, herrschte ich mich an und wollte querfeldein zurück zur Straße nach Mäbenberg, und das war ein Fehler.

Meine Stadtführerin in Dinkelsbühl – ach, wie wunderbar und sicher war es doch in solcher Obhut – nahm mich, kaum dass wir die ersten Tropfen spürten (denn es war damals gar nicht sommerlich, sondern kühl, und nur meine Stimmung versüßte die Angelegenheit), in die Georgskirche, lenkte mich vom schlechten Wetter ab, schärfte meinen Blick fürs Detail, kritisierte meinen Hang zur Abstraktion, ich sah eine Brezel im Bleigeäst eines der wunderblauen Fenster, so dass ich ... wie soll ich sagen … „Da la culla a la tomba imparamo“, sagte sie, denn sie konnte Italienisch und führte auch italienische Gruppen durch die Stadt, und ich übersetzte so für mich und kam nicht zurecht, denn ich konnte kein Italienisch. Es klang aber schön und roch nach Buchs im warmen Sonnenlicht, aber ich konnte mit „von der Wiege bis zur Bahre“ eben nicht „imparamo“ verbinden und sagte daher „tja“ und rätselte herum, bis alles gnädig übersetzt wurde ... Ich bin sicher, das war der Moment, in dem ich völlig verwirrt und von Dinkelsbühl verzaubert war. Schon der Klang und die Melodie, dieses la culla, la tomba und die Kerzen in der nachmittäglichen Kirche, der Drachentöter vorn im Altar und der Englische Gruß, dessen Rückseite in Silber und Gold ein Gesicht schmückte, das wir nun, Gesicht an Gesicht, für die Sonne (sie) oder den Mond (ich) uns gegenseitig ausgaben, … das alles mischte in mir jedenfalls einen so wehmütigen, nach Italien und la culla klingenden Klang, dass ich trotz kalter Füße damals beschloss, Dinkelsbühler zu werden, ein wenig nur natürlich und für kurze Zeit – aber immerhin!

Mäbenberg müsste links liegen, dachte ich. Der Bergrücken, über den ich hinaufgestiegen war, würde sicher bald wieder sanft nach unten führen. Man kennt ansonsten gewisse Hilfsmittel, die bemooste Seite der Bäume ist Westen, wusste ich, aber nach dieser bemoosten Seite suchte ich ein paar Mal vergebens und als ich endlich einen Baum mit Flechtenbewuchs gefunden hatte, glaubte ich ihm nicht, da ich dann ja eine halbe Stunde in die falsche Richtung gelaufen wäre. Es war nun doch schon ziemlich dunkel. Gelegentlich querte ich Forststraßen, einmal folgte ich einer und sie führte auf einen Platz, von dem vier andere abzweigten. Einmal sah ich auch ein Schild im fast

Dunkeln hoch an einem Baum, aber „Druidenstein“ stand da nicht, und einmal kam ich an einen Teich im Laufe der Nacht, einen kleinen Teich, in den der Regen fiel und an dessen einer Seite der Weg entlang lief. Nun gut, ich war an einem Teich. Den Teich hatten Menschen angelegt und diese Menschen wohnten irgendwo, das war sicher. Aber was sollte ich jetzt tun? Anrufen mit meinem Mobiltelefon in Abenberg im Hotel? Kommen Sie, holen Sie mich hier raus, ich weiß allerdings selber nicht, wo ich bin, hier ist nur ein Weg und ein Teich … Ich hatte schreckliche Visionen. Die Offiziellen in Abenberg würden zusammenlaufen, ein Hubschrauber würde sich erheben, den verlaufenen Stadtschreiber zu suchen im Mäbenberger Wald …

Die sehenswerteste Treppe in Dinkelsbühl schien mir seinerzeit übrigens die zum Stadtarchiv hinauf, eine Wendeltreppe, die man begangen haben muss, um zu ermessen, auf welchen Scheußlichkeiten man außerhalb Frankens so in der Welt herumklettert. Mich erinnerte sie an die Holztreppe der Herzogin-Anna-Amalia-Bibliothek in Weimar, die mir von der Weimarer Stadtführerin – übrigens auch mit italienischem Augenschimmern – vorgeführt worden war, als ich für eine Rundfunksendung über Weimar zu schreiben hatte. Diese trug wieder den Titel „Goethe hatte viel aus Nürnberg“ und – Goethe hätte sich an diese Dinkelsbühler Treppe erinnert, hätte er sie gesehen, und hätte er sie gesehen, er hätte von seinem zehntägigen Nürnberg-Aufenthalt damals zwei oder drei Tage abgezwackt, wenn er, wie gesagt, Dinkelsbühl nicht völlig verschnupft und novemberverschlafen in Wolldecken gewickelt durchfahren hätte.

Der Teich hatte einen Zufluss und einen Abfluss. Sollte ich eher dem Zufluss oder dem Abfluss folgen, oder lieber dem Weg? Es regnete mittlerweile Bindfäden und ich musste mich bewegen. Angst hatte ich nicht, aber doch spürte ich steigenden Ärger und mir wurde klar, dass ich hier bis zum Morgen umherirren könnte, und ich war hungrig und ich war müde und ich suchte nach einem trockenen Ort. Nur ein Laubbaum! Nicht diese ständig tropfenden Kiefern und Fichten. Man wird sehr wirr im Kopf, wenn man müde, hungrig und nach zwei, drei Stunden immer noch ohne jede Aussicht auf Orientierung im Wald umherirrt, das weiß jeder, daher versuchen wir das ja auch zu vermeiden, obwohl es erstaunliche Anblicke gibt, Maisfelder in Waldlichtungen, ein Reh, das man mit Händen zu greifen meint …

Ich entschloss mich, den Weg, den ich gekommen war, zurückzugehen. Immer nach oben!, dachte ich, irgendwann hört es auf zu regnen, irgendwann sehe ich Himmel und irgendwann finde ich einen Laubbaum, eine Buche, unter der ich mich ausstrecken kann, oder hinhocken, wenigstens hinhocken. Mein Zorn war inzwischen einer gewissen Ergebung gewichen und ich hatte meine Ansprüche erheblich gesenkt.

Einmal erlebte ich in Dinkelsbühl die Kinderzeche und das brustaufreißende „Gnadää!“-Rufen der Kinder vor dem Sperreuth Günther, der die Stadt dann verschont. Ich weiß nicht, warum mir Dinkelsbühl bei meiner Suche nach dem Druidenstein ständig im Kopf spukte, und was die Kinderlore mit dieser eigenartigen Nacht verband, weiß ich auch nicht. Vielleicht dachte ich an sie, weil sie mich am Ende doch noch zum Druidenstein führte. Jedenfalls ist sie der poetische Leitstern Dinkelsbühls und damit auch meiner Jugend, denn zu allem Überfluss hieß meine Großmutter Lore. Ich schwöre es! Und diese Lore und die Kinderlore verschmolzen für mich, denn ich war ja sehr oft in Dinkelsbühl in meiner Kindheit, so dass die Kinderlore tatsächlich jener Mythos ist, der die völlige Zufälligkeit meiner Geburt und frühesten Kindheit in Dinkelsbühl zu einer runden und gewissermaßen behüteten Sache macht. Mein Vater nämlich, und jetzt bin ich wieder bei meiner Dinkelsbühler Geburt, oder besser den Vorbereitungen dazu, mein Vater nämlich hatte meine Mutter, die damalige Lehrerin einer Volksschule in Mönchsroth, am Arm eines oberflächlich verwandten Dinkelsbühler Malers oder in dessen Schlepptau, wer weiß das noch genau, beim Umrunden des sogenannten Schwedenlagers getroffen – oder besser, er hatte seinen alten Onkel getroffen, an dessen Seite nun eben meine zukünftige Mutter stand, jung und schön, weswegen ich also ohne Kinderlore gar nicht zustande gekommen wäre, oder aber meine Geburt wäre eine zufällige und ganz und gar unpoetische Angelegenheit geblieben, falls sie überhaupt stattgefunden hätte, was ohne Kinderlore und Dinkelsbühler Schwedenlager eigentlich unwahrscheinlich ist und mich auch mit vielen Franken verbindet, nicht nur Dinkelsbühler Franken, sondern Franken überhaupt, nämlich dass sich ihre Eltern auf dem Schwedenlager in Dinkelsbühl kennen gelernt haben, weswegen ich nun eben viele Jahre später gerade durch den Mäbenberger Wald irrte, der vielleicht gar nicht mehr der Mäbenberger Wald war, sondern bereits ein ganz anderer Wald.

Ich hatte Kreuzschmerzen und war nass, ich fürchtete Panther, Löwe und Wolf und den Eingang der Hölle, wie Dante, und es war Mitternacht und sehr ungemütlich. Ach, das Schwedenlager vor Dinkelsbühl! Essen und Trinken und Lachen und Wein und Schinken und Suppe und Sonnenlicht. Punktum, ohne Kinderlore und Schwedenlager wäre ich nicht auf der Welt, aber eben auch nicht im Mäbenberger Wald, wobei ich im Moment gar nicht weiß, ob es noch der Mäbenberger Wald ist. – Ach was, jetzt schlage ich mich, verdammt noch mal, in die Büsche und suche mir einen Schlafplatz im Nebel zwischen den Fichtenstämmen oder unter einem Holzhaufen, es ist ein wenig Licht von oben da und es regnet auch nicht mehr so und da vorn ist so ein dickeres Buschwerk oder eine Masse und … da ist sogar ein Stein, nein, das ist *der* Stein! Ich fasse es nicht! Ich öffne mein Mobiltelefon, eine Art Nottaschenlampe, ich leuchte den Klumpen an, kann es gar nicht fassen, es ist wirklich Stein. Ich habe zumindest einen Felsen gefunden, der so groß ist wie der beschriebene, und ich klettere jetzt hinauf, keinen Schmerz spüre ich mehr, die Oberfläche ist moosig und nass und in der Mitte ist ein viereckiges Loch und ich habe mir das Schienbein aufgeschlagen, aber es ist der Druidenstein und da sind auch die berühmten Rinnen, in denen das Blut der Opfertiere oder vielleicht auch nur das Regenwasser abfloss über die Jahrhunderte. Es muss eine Straße ganz in der Nähe geben, weiß ich jetzt, denn der Stein sollte nicht allzu weit von der Straße weg liegen, auf die jener Sandweg führte, von dem ich nun zielgerecht und im Stockdunklen schier nachtwandlerisch auf den Druidenstein zugestolpert war, ohne weiter als zehn Meter zu sehen.

Die Zufälle spielen im Mahlwerk der Zeiten die größte Rolle, das ist wahr. Aber wenn man denkt, sie führen einen irgendwohin, hat man sich auch getäuscht, denn sie führen einen einfach bloß weiter, und wenn einen der Lebensweg selbst umherirren lässt, dann irrt man natürlich trotz aller guten Zufälle ein Leben lang und man weiß, die Zufälle sind keine Zufälle, sondern nur undeutliche Chiffren, die man auf sich bezieht aus irgendeinem eitlen Grund und nicht gerade dem vernünftigsten, und man würde sich natürlich freuen über eine wirkliche Führung, die es nicht gibt, und man sieht den Mond und ist erschöpft und nass und man keucht und denkt darüber nach, was jetzt zu tun sei, und der Stein hat auf einer Seite einen Überhang, unter dem man eigentlich bequem schlafen könnte. Sogar trocken ist es da und Blätter liegen in Haufen. – Aber es ist auch so ein Triumphgefühl in einem. „So ein Wahnsinn!“, denkt man. „Ich habe rein zufällig den Abenberger Druidenstein gefunden, nachts bei Regen in einem quadratkilometergroßen Wald, durch nichts als Zufall!“ Oder war es Instinkt, der mich am Teich nochmals umkehren ließ?

Selbstgefälligkeit spürte ich aufsteigen in mir, eine Art Gefühl der Auserwähltheit. So hatte es also doch einen Zweck gehabt, dass meine Mutter mich jede Woche zwei Mal unter die Höhensonne nach Dinkelsbühl gebracht hatte, zu Dr. Schaudig, und dass mich später eine ganz andere Führerin sozusagen im Angesicht der wahren Sonne mit meiner Geburtsstadt konfrontierte, und die Kinderlore hatte nicht umsonst um Schutz vor dem Sperreuth Günther gefleht und meine Großmuter und die Turmschreiberschaft, all das hatte nun wieder seinen Sinn und Zweck und einen Ursprung und Richtung, und ich wusste, wer ich war, weil ich wusste, wo ich war, auch wenn ich nicht genau wusste, wie ich nun wieder heimkommen sollte, aber was war schon dort, wo ich hin wollte, im Vergleich zu dem, wo ich war! Ich hatte jetzt einen Orientierungspunkt und den besten, den es geben konnte, einen alten, einen Ort, an dem ein Kreuz gestanden hatte vor ein paar hundert Jahren, einen Ort, an dem die keltischen Priester sich trafen in der Nacht vor Jahrtausenden, regendurchnässt und in wollenen Umhängen mit langen weißen Haaren, nachdem sie stundenlang gelaufen waren. Ich stehe auf dem Nabel der Welt, einer Säule der Vergangenheit, einen Punkt der Mitte. Die Weltachse ist mein!

Aus Irren und Wirren und erschöpfendem zögernden Gehen, aus Rennen und Taumeln und unschlüssigem Umherstreichen im fahlen Regenlicht und Nebel und aus innerer Wut über mich selbst war also zuletzt doch ein Triumph geworden. Mein größter Abenberger Triumph, völlig allein und ohne Zeugen und keiner würde mir glauben, und am nächsten Tag würde ich hierher finden und wenn ich mir ein GPS-System ausleihen müsste. Aber nicht einmal das GPS-System würde auf die Adresse Druidenstein reagieren, weswegen ich die Idee natürlich sofort wieder verwarf. Und nach einer Andachtsminute würde ich auch wieder gehen und ich würde nun nach Hause finden, das wusste ich, denn ich hatte hierher gefunden! Ich hatte von meiner Geburt in Dinkelsbühl bis zum Druidenstein im Mäbenberger Wald den Weg gefunden, und wer weiß, ob es überhaupt der Mäbenberger Wald war und nicht vielmehr der Klosterwald oder der Untersteinbacher Wald ... Aber all das war nun auch nicht mehr wichtig, denn von meiner Geburt in Dinkelsbühl im zartgelben Haus am Oberen Tor bis hierher auf den nassen Druidenstein bei Abenberg gab es jetzt wieder eine sinnvolle Kette aller Ereignisse meines Lebens, die ich eben geschlossen hatte durch glückliche Fügung, und aufgewühlt bis zum Äußersten und erschöpft und aus der Hölle der Wirrnis war ich zu einem echten Ziel gekommen, einem Geschenk für ein neues Leben sozusagen, jedenfalls hatte ich für mindestens fünfundzwanzig Minuten dieses Gefühl, und so weit war es dann ja auch nicht mehr nach Abenberg, wo ich merklich weniger innerlich erhoben in nassen Kleidern in meinen Turm schlich.

Es soll noch einen *kleinen* Druidenstein geben, habe ich gehört. Aber den besuche ich im August oder vielleicht auch gar nicht mehr oder mit einer guten Freundin und Führerin. Man soll sich nicht überfüttern mit aufwühlenden Erlebnissen, sage ich mir immer, auch als Turmschreiber nicht …

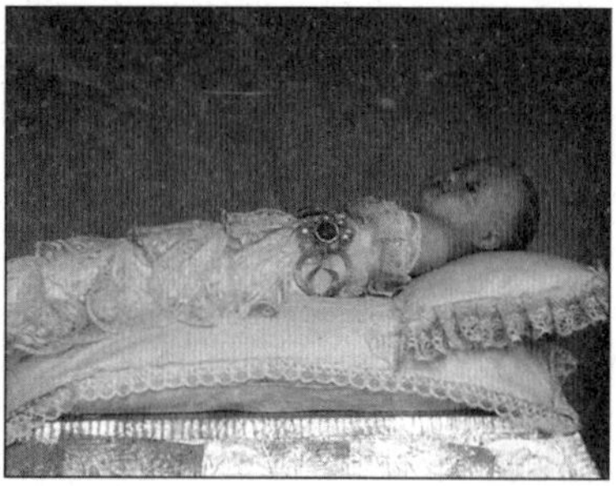

Brief an den Turmschreiber IV

Du wirst über andere Dinge schreiben als ich, und wenn Du doch über diese Dinge schreibst, dann wieder anders. Aber dennoch wird es auf geheimnisvolle Weise immer dasselbe sein, womit wir schon wieder bei einem wichtigen Thema wären. Vielleicht kennst Du ja Guido von Pomposa. Nein? Nun, das habe ich mir gedacht. Er ist der Erfinder der Notenschrift, ein wichtiger Heiliger, der als Leichnam von Pomposa nach Speyer gebracht wurde – über die Alpen – in einem Ledersack. Und in diesem Ledersack nun, oder besser in den Dingen, die so um die Heiligen ganz allgemein herumgewickelt sind, steckt nun schon die dritte Erklärung für unsere Existenz als Turmschreiber.

Ich hoffe, ich langweile Dich nicht. Zuerst waren es die Windpriester und die Windtürme. Dann war es die schöne Helena und ihre Spaziergänge auf der Stadtmauer – und jetzt sollen es die Heiligen der katholischen Kirche sein. Aber, habe Geduld, mein Freund! Stell Dir lieber vor: Italien! Der Kirchenbezirk von Ravenna, sein Hafen, der „Porto Corsini", ein Kanal ... Um das Jahr 1000 war dies eine Art Insel der Gelehrsamkeit, auf der Wohlstand, Gebet, Meditation, Gesang, Gartenkunst und der adriatische Hauch herrschten. Heinrich III. ist auf seinem ersten Italienzug.[5] Auf dem Hinweg unterwirft er die italienischen Stämme und installiert den Bamberger Bischof Suidger als Papst Clemens II. Auf dem Rückweg nimmt er – wer weiß, von der Atmosphäre Pomposas beeindruckt – die Leiche eines kürzlich verstorbenen Klosterabts mit und installiert sie als Reliquie in Speyer. Nun, wir fragen uns natürlich, warum!

Um die Frage zu beantworten, müssen wir uns vorstellen, welche atmosphärischen Wirkungen von Gegenständen ausgehen – sagen wir, von einem alten Buch, einer Truhe, einem alten Baum, von einem Turm, der Abenberger Burg, dem plätschernden Stilla-Brunnen. Und nun erst die Atmosphäre, die von einem Gegenstand ausgeht, welcher ehemals ein Mensch war und der nun, verwandelt zur „Reliquie", etwas zwischen scheuer Verehrung und zwiespältigem Schaudern um sich ausbreitet. Wovon ich hier rede, ist das, was wir als die Sphären eines Kults bezeichnen könnten. Verstehe mich richtig! Sphären sind Kreise! Um die Reliquie der Reliquienschrein. Um den Schrein die Kirche, um die Kirche das Stift zur Pflege des Kults. Um das Stift die Handwerkersiedlung, die Kaufleute, die sich niederlassen, die Kupferstecher und Notenschreiber, die Goldschmiede und Weber und Altartuchklöppler … Sphäre um Sphäre wird von jenem Hauch erfasst, den die Reliquie auszuströmen scheint.

Man könnte sich nun vorstellen, dass in einiger Entfernung vom Zentrum einer Heiligengruft diese Atmosphäre sozusagen nicht mehr so recht „wirkt". Ein Heiliger wird ja gewissermaßen nur in einem bestimmten Bezirk verehrt, dort, wo sein „Hauch" erfahrbar ist; dort, wo man, um es einmal deutlich zu sagen, zur Not die Hand in ein Loch im Sarkophag stecken konnte, um am Grabeshauch des Verehrten Anteil zu haben.

Man hatte nun verschiedene Möglichkeiten, die lokale Begrenztheit des atmosphärischen Einflusses zu überwinden. Der Transport des Heiligen von einer Stelle zur anderen war eine. Eine andere war das Errichten verschiedener

Grabstätten, bei denen nicht klar war, in welcher der Heilige nun wirklich ruhte. Die dritte war die konkrete Teilung. Einer den Kopf oder das Hirn oder die Hirnschale, die anderen den Leib oder einen Fuß. Denke an die Hirnschale der heiligen Walburga, die man nach Mohnheim brachte, weil Eichstätt eben einfach schon wieder zu weit weg war. Man ging also an die Gruft des Heiligen, machte sie auf, setzte eine Säge an … ich will nicht deutlicher werden, mein Freund, aber es muss diesen Leuten sehr ernst gewesen sein. Und – es half! Ich habe hier in meinem Geldbeutel ein Herz, das ich gerade auspacke, groß wie ein altes Markstück, mit grüngoldener Umfädelung, ein Stoffherzchen mit schon halb unleserlich gewordenem Aufkleber „St. Stilla". In dem Herz befindet sich Sand. Dieser stammt vom Grab der heiligen Stilla, die zwar noch keine Heilige ist, aber wer weiß, eben bald heilig sein wird.

Eine Stadt, ein Landstrich und eben auch dieses Abenberg beginnt also auf geheimnisvolle Art zusätzlich zu leben, wenn sich in seiner Mitte etwas befindet, von dem ein solcher Hauch ausgeht. Kein Bild, kein Wissen wirkt intensiver! Der Atmos ist immer stärker, jene feinstoffliche Wirklichkeit und echte Verbindung mit einem sich auf eigenartige Weise nie ganz verflüchtigenden Körper, der Anteil am Heil, was auch immer das sei … Allein die Vorstellung, dass man sich diesen Hauch gewissermaßen „einverleiben" könnte und der Gedanke, dass sich durch diese Einverleibung der Hauch im eigenen Körper ausbreiten könnte, dass man ihn an sich oder gar in sich trägt wie eine geheimnisvolle Ansteckung, eine nicht mehr zu behebende Veränderung im Feinstofflichen – ein Schluck Wasser aus dem Stilla-Brunnen, ein Herz mit dem Sand aus ihrem Grab am eigenen Körper getragen – in Berlin im Straßenverkehr …

Es ist also offenbar. Der Geist „weht" nur vorgeblich, wo er will. Tatsächlich hat er sachliche Stützen! Und auch das mit dem Wehen ist ja so eine Sache, denn er weht ja nicht!

Er breitet sich als Atmosphäre der Dinge aus, indem er sozusagen veranstaltet wird. Ein Gottesdienst, eine Lesung, ein Starauftritt. – Goethe soll Steine, gefundene Blumen, Federn, Münzen, Statuen und Quisquilien aller Art in seinem Haus geradezu aufgehäuft haben. Der fränkische Philosoph Feuerbach schrieb: „Wenn die Bücher schweigen, reden die Steine ..."

Das Haus der fränkischen Geschichte, Wolframs Worte, die Schaufeln mit dem fränkischen Sand, der Sand in den Stilla-Herzchen, die Erwähnungen Goethes, der am 13. Juni 1788 in Wassermungenau frühstückte und dafür 24 Kreuzer zahlte … ist das alles am Ende nicht eine ständige Legendenbildung um Reliquien mit dem Titel: „Abenberg und die Welt ...?" Und ist das alles nicht auch bitter nötig? Denn: Da draußen, vor der Stadt, vor der Burg, was ist denn da? Ist da nicht im Grunde einfach nur – nichts? Flaches Land in der Nacht, Äcker, Wiesen, ein paar Bauerndörfer und Straßen, die keinen Namen haben, und ein totgefahrenes Reh? Wie soll daraus etwas werden, das uns Heimat ist und Wärme und Licht und etwas, das gar Leute anlockt und „Leben" in eine Stadt bringt in einer Zeit, in der nur existiert, was im Guinness-Buch der Rekorde auftaucht? – Siehst du! Da ist Deine Aufgabe. Du musst Verbindungen schaffen … etwas, das in den Ort hineinstrahlt. Hüte Dich vor dem Guinness-Buch der Rekorde! Ansonsten bist Du fremd hier, eine Art komischer Heiliger, aber doch ein Heiliger eben! Mach Dir nur nichts vor!

Abenberger Architektur

Ich weiß, ich müsste eigentlich über die schönen Stadttürme oder das älteste Bürgerhaus der Stadt reden. Aber die sind schon mehrfach beschrieben, daher will ich lieber über das südliche Abenberg reden. Das südliche Abenberg sieht von Weitem wirklich sehr viel schöner aus als aus direkter Nähe, denn aus der Nähe sind es einfach Häuser aus den 70ern, die im Geschmack der 70er errichtet wurden, und der Geschmack der 70er war nicht besser als der der 80er. Aber das soll jetzt nicht weiter vertieft werden, vor allem, weil ja auch die 90er Jahre im Häuserbau nicht brachten, was wir uns wünschten. Heute natürlich wissen wir alles besser und haben sehr viel mehr Geschmack, was aber nicht heißt, dass die Bausünden mit unserer erhöhten Geschmackssicherheit gleich verschwinden würden, denn nun fehlt das Geld, und wer weiß, was wir bauen würden, hätten wir es. So müssen wir also mit unseren Bausünden leben, wie wir mit all unseren sonstigen Sünden und deren Folgen ja auch leben – als Büßer und in steter Erinnerung an Schuld.

Zum südlichen Abenberg also. Natürlich, ich weiß, es geht eigentlich um ganz Abenberg, soweit es außerhalb der Stadtmauern liegt, und dabei ist zu berücksichtigen, dass innerhalb der Stadtmauern sowieso kaum jemand wohnt.

Dort tut man nämlich nur so als wohne man. Tatsächlich aber wohnt man eben zum Beispiel im südlichen Abenberg und geht höchstens spazieren innerhalb der Stadtmauer, oder man geht sein Geschäft inspizieren, einen Reiterladen, der gelegentlich offen hat, oder ein Solarium. Einkaufen geht man zum Beispiel nicht innerhalb der Stadtmauern, denn einkaufen kann man innerhalb der Stadtmauern nicht mehr – zumindest nicht ausreichend, was einer der großen Nachteile Abenbergs ist, und man muss sich natürlich fragen, warum hier nicht einmal ein Gemüseladen durchgehalten hat, von dessen einstiger Existenz man mir berichtete, so als schwärmte man von den besseren Zeiten, als man auf dem Abenberger Stilla-Platz noch frische Erdbeeren kaufen konnte.

Auch fragt man sich natürlich, warum so viele Abenberger ins südliche Abenberg gezogen sind. Aber das hat Gründe. Zum Beispiel scheint es, abgesehen von Familiendramen und Todesfällen, die innerhalb der Stadtmauern gewisse Fensterhöhlen leerten, manchmal, als hätten selbstsüchtige Bauartikelverkäufer früher den gutmütigen Abenbergern immer wieder erzählt, dass man jetzt diese oder jene Verbesserung der Häuser vornehmen könne, dass man dieses oder jenes besonders hübsche, in Wahrheit aber natürlich nur teure Detail anschrauben und anbauen könne – an ein Dach oder an einen Zaun oder an eine Mauer, und die Einwohner in ihrer Gutmütigkeit hätten es angeschraubt und angebaut, und so wurden dann mit der Zeit die ehrwürdigsten Sandsteinhäuser verputzt, was den Steinen im Lauf der Jahre ein wenig die Luft nahm, und die wunderbaren Fensterläden, wer weiß, wurden zuerst durch Holzrollos ersetzt, was die Augen der Häuser etwas kahl und blicklos machte. Später wurden die Holzrollos durch Plastikrollos ersetzt, was manchen Häusern ein etwas dürftiges Aussehen gab, und dann wurde ein kleiner Vorbau vor die Haustür gesetzt, der mit Kacheln verblendet und mit Glasbausteinen geschmückt wurde, was dem einen oder anderen Haus dann ein etwas hilfloses Aussehen gab.

Schließlich wurden auch auf den Dächern Veränderungen vorgenommen, die alten Tonziegel etwa wurden durch rot gefärbte Zementziegel ersetzt, was den Häusern natürlich nicht schadete, aber – Beton altert anders, was man aber nur bemerkt, wenn man den Hauch versteht, der von alten Tonziegeln ausgeht, die Anmutung, kurz, die Atmosphäre, die entsteht, wenn man an das Gefühl denkt, das man hat, wenn man einen Tonziegel in der Hand hält und dann vor einem Haus steht, dessen Dachgestühl zubetoniert ist oder eben auch nicht zubetoniert, sondern unter der Last von Zementziegeln zusammenzubrechen scheint.

Im Inneren des einen oder anderen Hauses wurde derweil vielleicht die Decke abgesenkt, damit man nicht so viel heizen brauchte, und die Wände und Decken wurden mit einer Vinyltapete überzogen, damit das Haus auch von innen nicht mehr atmen sollte. Eine Behandlung, gegen die sich dann manche der Häuser, so könnte ich mir zumindest vorstellen, von sich aus gewehrt hätten, etwa indem sie besondere Gerüche entwickelten, gegen die nun die Besitzer sich wieder ihrerseits gewehrt hätten, etwa indem sie Plastikbodenbeläge verlegten, was die Hölzer und Balken dieser Häuser dann zwar nicht sofort, aber doch im Lauf von Jahren ein wenig angriff und die Häuser so alles in allem eher gefährdete, durch nichts als den ständigen guten Willen sie zu verbessern.

Und es könnte nun eben auf diese Weise geschehen sein, dass die Bausünden die Bewohner gewissermaßen erdrückten, so dass sie dann unter der Last ihrer Bausünden ein solches bausündenbeladenes Haus gar nicht mehr bewohnen konnten, weil sie vielleicht Angst hatten, das Haus würde plötzlich ohne jede Vorwarnung einstürzen. So etwas soll vorgekommen sein in Abenberg! Und gegenüber dem Rathaus zum Beispiel steht ein Haus mit einem ehemaligem

Friseurladen. Ich stelle mir vor, dass es einfach so lange renoviert wurde, bis seine Bewohner vom schlechten Gewissen gepeinigt auszogen, obwohl, sagen wir, die Aluminiumeinfassung der Haustür noch in 5000 Jahren existieren könnte!

Nun, das war zugegeben ein zutiefst kritischer Ausflug, allerdings einer, der zeigt, wie es nicht nur in Abenberg, sondern leider überall auf der Welt in den letzten dreißig bis vierzig Jahren zuging, und es zeigt uns eben auch den wahrscheinlichen Grund für das Entstehen des südlichen Abenbergs, in das man hinauszog wie in ein neues Paradies, in gute, lichte, neue Häuser, denn schließlich war die Stadt sozusagen in einen Verfallszustand der unbeholfenen Renovierung geraten, in dem niemand sich mehr die Mühe machte, zu erforschen, wie ein altes Haus gebaut war, wie die Luft in solch einem alten Haus zirkulierte und wie das Wasser abgeleitet und vom Stein ferngehalten wurde, ein Wissen, das ja erst jetzt wieder populär wird. Ja, ich stelle mir vor, damals, also vor rund vierzig Jahren, verstanden überhaupt nur wenige, warum Holzfensterläden überhaupt zur Fassade gehören und dass ein Haus eine Stirn hat und Augen und dass es Fröhlichkeit ausstrahlt mit Fensterläden und dass es trist und depressiv machend aussähe mit blicklosen Löchern, in denen Plastikrollos halb zugezogen den Blicken standhielten, während es dahinter blau und rot blitzte, wie von Tagesschau und Gangsterfilm. Oh, wie erfindungsreich ist doch der Pfusch, den der Franke übrigens „Grawitschko“ nennt, und der irgendwie auch seine malerische Schönheit hat. Zäune aus schräg abgeschnittenen Plastikrohren, Bierkästen als Blumentreppen und die Autoreifen als Fuchsienrondelle – selbst leere Gasflaschen habe ich als gartenarchitektonische Details erlebt, und seien wir ehrlich: Man muss im Grunde selbst für den „Grawitschko“ dankbar sein, denn wie hässlich und stumpf wirkt gegen den lebendigen „Grawitschko“ das bloß Neue aus dem

Baumarkt, aber das lassen wir jetzt! Wir wenden uns nämlich lieber den Haustüren zu.

Die Haustüren sind ein eigenes Kapitel. Nehmen wir etwa die vorgefertigten. Vor allem muss ich sagen, haben mich in Abenberg viele Fertighaustüren erbarmt, die aussehen, als wären sie nur vorübergehend eingebaut, bis die neue Haustür käme, die handwerklich solide, von einem städtischen Schreiner aus gut abgelagertem Holz gemachte schöne Tür, die dem Handwerker Arbeit gäbe und ein sinnvolles Leben und eine nach Holz- und Drechselspänen duftende Werkstatt in Abenberg, statt dieser ständigen Autofahrerei nach Nürnberg. Ja, man soll doch mal über eine neue Sonderwirtschaftszone Abenberg philosophieren, in der die einstige Vernunft älterer Produktionsweisen ausprobiert wird, in der sich aber dafür die Abenberger wohlfühlen, weil sie Abenberger Äpfel auf dem Abenberger Marktplatz kaufen können oder in Abenberg hergestellte Haustüren oder gar Klöppelwaren, weil man dann für diese Dinge nicht mehr nach Nürnberg, Schwabach oder Roth fahren und so sehr viel Sprit sparen würde, denn das enorm Praktische der fortschrittlichen 70er Jahre des vorigen Jahrhunderts hat sich in Abenberg vielleicht längst zu etwas Unpraktischem und Störendem entwickelt, wie ja in anderen Weltteilen auch, und dies könnte man ja nun, sagen wir, durch eine Sonderwirtschaftszone korrigieren – sehr vorsichtig und teilweise natürlich nur …

Aber genug! Ich bin kein Politiker und gebe freudig meine Kompetenzlosigkeit und volkswirtschaftliche Naivität zu. Auch über die Plattenbeläge der Gärten und Gartenmöbel darf ich im Grunde nicht reden, oder über die Fenster und Fenstereinrahmungen und über die Architektur schon gar nicht, und ich lasse es auch, denn heute wissen wir es ja sowieso besser und schämen uns aller früheren Bausünden, und wenn heute etwas Neues gebaut wird, dann wird es wunderschön, und auch haben wir ja das wunderbare Talent, selbst die größten Bausünden zu verbergen, und zwar mit gärtnerischer Liebe und im Verbund mit Pflanzen und Algen und Moos und Flechten. Denn was dem Franken als Architekten abgeht, das holt er als großer Gärtner und unablässiger Renovierungskünstler seiner Umgebung wieder ein. Der Bürgermeister, ja es ist wahr, sammelt Geld für die Zinnen der Burg, für eine nach der anderen. Man kann spenden, und auch wenn es scheint, als würde hier Geld so richtig den Abenberger Burgberg hinuntergeworfen, so ist das doch wahrscheinlich eine großartige Investition in die Atmosphäre Abenbergs, zumindest wenn wir die Möglichkeit dagegenhalten, dass jetzt ja auch jemand kommen könnte und für die Abenberger Südstadt sammeln wollte, aber darüber reden wir besser nicht.

Literarische Clubs

Manchmal glaube ich, die Unruhe um diesen Turm rührt daher, dass die Abenberger, Rother, Schwabacher, Kleinabenberger, die Bewohner rund um den Marktplatz, die Wassermungenauer, die Dürrenmungenauer und Kammersteiner und auch die Bechhofener – zumindest, was ihre protestantische Minderheit anbelangt, aber auch die katholische Mehrheit – wahrscheinlich allesamt Schriftsteller werden und über sich oder über Abenberg schreiben wollen. Wenn sie es nicht wollen, wollen sie Dir erklären, warum sie es nicht wollen. Ob sie die Last des Schreibens und der damit verbundenen Recherchen und Studien und den eigenartigen Lebensvollzug des Schriftstellers wirklich ernsthaft und freiwillig auf sich nehmen würden, wage ich zu bezweifeln, aber selbst wenn sie das Schreiben am Ende nur für irgendeine Art von talentierter Freizeittätigkeit halten, sind sie wesentlich weiter gekommen als ihre motorbewehrten Nachbarn, die ja eine ganze Anzahl besonderer Ausrüstungsgegenstände brauchen, um ihre Freizeit zu genießen. Ich komme darauf, weil es – zum Ruhm des Ortes und seiner Umgebung sei es gesagt – eine ganze Reihe literarischer Vereinigungen hier gibt. Erst vor ein paar Stunden war ein ehemaliger Stadtrat hier, der mir drei Gedichte über den Stilla-Platz brachte. Tief empfunden. Vielleicht dachte er, wenn er sie mir gäbe und sie hier in diesem Turm abliefere, hätte er sie sozusagen dem Strom der Zeiten und seiner Vergänglichkeit entrissen. Er las mir seine Gedichte vor, erzählte von seinem uralten Haus – und nicht nur von diesem.

Stammtisch

Im Gasthof Ruckriegel füllen sich langsam die Tische. Zwei, drei sitzen da und fragen die sonntägliche Frage, ob heute „was z'ammgeht". Nach und nach, scheint es, geht was zusammen. „Grüß dich, Georg, setz' di her da, warst in der Kirch'", usw. Die Themen beginnen umständlich von der Fußball- und Gesundheitsthematik zu den Nachbarn zu wandern; der Sieber, der Papafitz, der Schwanfelder ... Der Schwanfelder geht nach Schwabach! „Was? Ja wieso denn des? Komm gei, der Schwanfelder wird halt ferti sei!" – „Naa, naa, der macht weiter, aber halt in Schwabach ... wieder zwei Arbeitsplätz' für Abenberg weniger ..."

Eigenartig, dieses „Komm gei", also die Aufforderung zum Kommen und zum Gehen gleichzeitig, als ob man jemanden sprachlich sozusagen schütteln will, um genauer herauszubekommen, ob er ernst meint, was er meint. Ein zweiter Tisch füllt sich; einer in meinem Rücken erklärt der Runde fast mit schlechtem Gewissen, warum er jetzt als Rundfunkhörer von Bayern1, dessen Fan er war, zu Antenne Bayern wechsle. Es ist hier in Abenberg sehr wichtig, sich zu entscheiden und dann auch entschieden zu bleiben. Treue zeigen – auch beim Radiosender! Er habe seit zwanzig Jahren Bayern1 gehört, sagt der Mann noch bedauernd, als würde er von seiner ersten Ehe berichten, dann stoppt der Redefluss. Der Mann scheint jetzt enttäuscht von Bayern1 und einer sagt „naja" und dann schweigen sie wie über einen traurigen Fall und dann geht das Gespräch wieder weiter, über einen Sprachkurs der Tochter und über die beste Strecke nach Greding und die Härte der Zeit. Es wird lauter. Es gibt weniger Unterbrechungen und Najas. Ein Lachen klingt hier und da auf, die Sache kommt in Schwung und wird immer unverständlicher. Gelegentlich hört man aus dem allgemeinen Reden das begeisterte „Einwandfrei!" heraus, das ich neben „Komm gei!" auch schon vom Bürgermeister gehört habe. Das wirklich Begeisternde für einen Abenberger ist also dasjenige, angesichts dessen er in den Ruf „Einwandfrei!" ausbricht, während das kaum Glaubliche dasjenige ist, angesichts dessen er sein Gegenüber zum Kommen und Gehen gleichzeitig auffordert. Auch die Tür geht jetzt immer öfter auf und zu und der Rauch beginnt in Schwaden im Raum zu stehen, was mir zeigt, dass der Tabakanbau hier doch noch eine gewaltige Direktwirkung entfaltet. Die Sätze, deren Inhalt nur noch zu ahnen ist, werden lauter und überkreuzen sich; selbst die Begrüßungen sind schwungvoller und direkter: „Alex a Bier!", und die Themen reichen von der großen Politik bis zur individuellen Lage. Hegel, der Philosoph aus Nürnberg, Bamberg und Berlin und wer weiß, auch geheimer Belauscher der Stammtische im Fränkischen, redet von diesen Versammlungen der Männer als vom letzten Abkömmling des griechischen Chors, dem Urbild der Demokratie, dem Ort und Hort der Vernunft und der Beschlussfassung. Hier muss die Politik bestehen. Hier gibt es tatsächlich immer noch keine Frauen. Nur der Stadtliterat sitzt dünn daneben und keiner sagt: „Komm setz di her!" Nur der Wirt kommt und hält mich für einen Touristen, womit er natürlich vollkommen Recht hat.

Nacht

Das Glitzern der Sterne über der Stadt, das Glitzern der Pflastersteine unter meinen Füßen. Im Funkeln von oben und unten gehe ich. Die Burg ist wie eine zweite, andere Welt. Unten beten die Stirnen der Häuser! Eines hat ein Dach wie eine Mütze. Es ist das Pfarrhaus. Drinnen, hinter den halb zugezogenen Rollos und zugekachelten Wänden das Geflimmer der Fernseher. Dabei könnten sie jetzt miteinander durch die Straßen gehen. Aus einem der Häuser eine laute Stimme – ein religiöses Gedicht. Vielleicht sitzt eine Alte im Lehnstuhl neben einem Tonband? „Das ist mein Gott", sagt die Stimme. „Und wenn einer sagt, es gibt ihn nicht, dann sage ich, es gibt ihn doch. Es ist der Gott für dich und mich!" Der Vorhang hinter dem offenen Fenster bewegt sich. Ich gehe schnell weiter, auf das Stadttor zu. Das Haus daneben ist unbewohnt, die Haustür zerschlagen und mit Brettern vernagelt. Ich versuche, hineinzukommen. Wenn das die Abenberger wüssten! Aber alles ist versperrt und riecht nach Moder und Mörtel und Keller und Kälte und Grab. Daneben die Stilla-Apotheke wie ein Trost, die Laternen und das Gras an den Hauswänden …

Brief an den Turmschreiber V

Ach ja, der Turm! Wenn es regnet und stürmt, fühlt man sich wie ein Kapitän auf einer Schiffsbrücke. Auch im Inneren erinnert manches an ein kleines Schiff, zum Beispiel gibt es einen winzigen Abort, der ausschließlich im Sitzen zu nutzen ist. Am besten, man geht schon in halb sitzender Stellung hinein. Wasser und Spülung sind vorhanden. Man darf nicht zu schnell aufstehen. Mein Tisch wäre als Ausrüstungsgegenstand eines Mastkorbs genau das Richtige, vierundsiebzig Zentimeter breit, was für den Schreibcomputer natürlich ausreicht. Der Stuhl ist instabil, aber bei schwerem Seegang würde das ja kaum ins Gewicht fallen. Meine Bücher staple ich zwischen den Veröffentlichungen des Heimatvereins. Aber sonst ist alles da! Ja, manches ist sogar zu viel, der Stromerzeuger etwa. Er brummt. Und im Osten muss ein sehr lebendiger Hahn leben, der alle zwanzig Sekunden kräht. Heute Morgen kräht er aus irgendeinem Grund nicht. Ich vermisse ihn also und es stört mich nun, da ich mich an den Stuhl und den Tisch und den Hahn gewöhnt habe. Warum kräht der Hahn nicht?, denke ich und fühle mich auch ein wenig schuldig. Vielleicht ist er tot, denke ich und überlege schon, woran er gestorben sein könnte, oder dass er vielleicht durch meine Verwünschungen gestorben sein könnte. Es gibt ja die eigenartigsten Verbindungen. Jetzt, da er nicht mehr kräht, läuten schon eine ganze Weile geradezu beunruhigend die Glocken vom Kloster herüber. Es wird doch dort niemand gestorben sein, denke ich aufgeregt, und dann frage ich mich, warum ich überhaupt aufgeregt bin, denn ich bin doch kein Abenberger.

Siehst Du, solche Gedanken bewegen mich hier. Ansonsten liebe ich die Glocken. So muss es sein, denke ich mir, hinausblickend ins Talschimmern, in der Ewigkeit sitzend unter den Sternen in meinem Turm, ein Insekt, brummend um die Lampe fliegend und die Glockenschläge. Im Ort die Laternen, die neunundachtzigtausend blinkenden Pflastersteine (nach erster vorsichtiger Rechnung), die nach Auskunft des Bürgermeisters übrigens unter Absingen italienischer Lieder von einer italienischen Pflastererkolonne gelegt worden sind, weil er, der Bürgermeister, sich lange Zeit Gedanken über die italienische Platzgestaltung gemacht habe und plötzlich darauf kam, wie er mir sagte, dass es wohl nicht nur die Gestalt, sondern auch die Art der Handwerklichkeit sei, die den Plätzen eine Art geheime, zusätzliche Schönheit gebe, eine Atmosphäre der Pflege und der Befassung mit dem Detail, die von atmosphärisch sensiblen Menschen gespürt würde. Diese italienische Atmosphäre brächten die italienischen Pflasterer gewissermaßen in den Bewegungen ihrer Handwerksarbeit mit. Das Klingen der Pflastererhämmer und ihre Lieder habe man gewissermaßen heute noch im Ohr, wenn man das Ergebnis vor sich sehe, die ganze Stadt in ihrem winkligen Gewoge, die Treppeneinfassungen, die kleineren und größeren Steine, der Wechsel der Farben, dies alles spiele zusammen, so dass sich eine Unendlichkeit südlicher Sehnsucht ausbreite im Gehen, während andere Firmen … Aber die erwähnen wir nicht. Wir denken lieber an die singenden italienischen Pflasterer und hören die singenden Zecher im „Michel“,die ich von meinem Zimmer im Gästehaus belauschen muss, wenn ich schlafen will, weil ich im Turm nicht schlafen kann und also im Gästehaus schlafe, das bezeichnenderweise das alte Armenhaus der Stadt ist, und vor den Fenstern singen eben die Zecher. – Aber so ist das eben in fränkischen Städten, man ist irgendwie nie allein. Ach, der „Michel", denke ich, und mache das Fenster zu und dann doch wieder auf, und ich bleibe stehen und schaue raus. Ich weiß, ich sollte lieber über das Kloster nachlesen oder über die Höllgasse schreiben und das älteste Bürgerhaus der Stadt. Aber stattdessen kleide ich mich wieder an und nach ein paar Minuten sehe ich mich im „Michel" am Tresen einer gerade vor ein paar Jahren zugezogenen Abenbergerin gegenüber, die sich aber noch immer recht fremd hier fühlt, weil man in Abenberg etwa 300 Jahre wohnen muss, um Abenberger zu sein … Ich sehe mich also, sage ich, dieser frisch kennen gelernten Abenbergerin wortreich erklären, dass Franken an dieser Stelle sehr schön, sehr südlich, ja geradezu italienisch wirke. Schon das Pflaster der Straßen …. Sie sieht mich nur irritiert an und meint, vor ein paar Tagen hätte ich dieses Abenberg noch mit Irland verglichen. Sie wäre dabei gewesen …

Ich schämte mich für meine wahllosen Vergleiche. Und dann wurde es an den folgenden Tagen auch, wie zur Strafe, recht kalt. Der Regen kam, und vom Regen werde ich Dir noch erzählen. Vorerst aber noch etwas anderes, und wer weiß, interessiert es Dich auch …

Scl. Stilla
St. Stilla

Walburga, Stilla, Willibald …

Aus dem frühesten überhaupt erhaltenen Dokument über die Heidenheimer Klosterheilige Walburga geht hervor, dass die 710 geborene Schwester des Gründerabtes Wynnebald von diesem wohl überredet oder gar bestimmt wurde, aus Südengland nach Franken zu kommen – der Erlösung wegen, und zwar nicht nur der Erlösung der damals vielleicht sehr wild vor sich hinlebenden Ostgermanen, sondern um ihrer eigenen Erlösung willen, die durch Spaziergänge in Dartmoor, wer weiß, jedenfalls weniger schnell vonstatten ginge als durch Arbeit in den neuen Kolonien, und man muss sich immer wieder vor Augen halten, dass diese „Kolonien" hier in unserer Gegend lagen. Damals.

Angstvoll und betend stand Walburga im Schifflein, so berichtet die Legende. Wer weiß, vielleicht startete man damals von Torbay aus zu den Kanalinseln vor der französischen Küste. In der ersten Hälfte des 8. Jahrhunderts ein wahrscheinlicher Weg von England nach Franken, aber eben auch ein langwieriger. Wir stellen uns also vor: Walburga, ein zartes Ding von neunzehn Jahren, womöglich tagelang auf Seereise auf einem ziemlich kleinen Schiffchen und angstvoll nach den Inseln St. Peter und St. Hilarius Ausschau haltend, in St. Malo durch die Brandung an Land gezogen, „gerettet"! – Was natürlich alles nur stimmt, wenn es stimmt, dass die Familie Willibalds blutsverwandt mit der von St. Bonifaz ist und wirklich aus Devonshire in Südengland stammt und Willibald die Schwester schon relativ früh auf einer seiner Reisen zwischen Heimat und unserer Gegend mitgenommen hat. – Alles nur Vermutungen, Urkunden, die interpretationsbedürftig sind und natürlich Berichte über Vermutungen – woraus Geschichtswissenschaft eben so besteht. Im Pflaster der Heidenheimer Abteikirche, just neben dem jetzt leeren Grabmal der Heiligen, findet sich eine zur Not als Schifflein interpretierbare Zeichnung, die zur Legende passt.

Mit der Abenberger Stilla war es natürlich völlig anders. Schon die Zeit! Viel besser fassbar – vermutet man. Aber genau genommen ist es das Gleiche. Tochter eines Adligen namens „Rapato“ und Grafen zu Abenberg, der gelegentlich auch „Zelchus“ heißt und der nach Quellenlage auch ihr Bruder sein könnte. Aber das wissen wir nicht (wie wir ja auch nichts von den Eltern der hl. Walburga wissen). Begründerin eines religiösen Ortes auf dem Weg vom weltlichen Glanz hin zum Ewigen, was nicht nur Verzicht, sondern auch Emanzipation und Erweiterung des Weltlichen ins Geistige hinein bedeutet. Stilla sei „vortrefflich über die anderen“ gewesen. „In allen Tugenden.“ Besonders in der Tugend der Demütigkeit und Barmherzigkeit habe sie sich „allezeit“ geübt. „Sie hat den Armen gedient und denen milde das Almosen gegeben, die gewöhnlich zu ihr kamen. Sie pflegte und tröstete sie wie eine Mutter mit ihren dienstbaren Werken und ihrem heiligen Segen über die Kranken, die davon gesund wurden!“ So schreibt der Stiftsdekan Agricola, und eine gewisse Monika Farket, eine Augustinernonne, die im Jahr 1593 eine Lebensbeschreibung liefert, behauptet, Stilla habe drei „Schwestern“ gehabt und zwar „Gewera, Wiederbring und Überkuma“ …

Rätsel über Rätsel! Machen wir aus dem „w“ in Gewera ein „b“ und aus der Überkuma die Überwinderin, so klingt das Ganze doch eher wie eine erziehliche Fabel. Die Grafentochter hatte also nicht drei „Schwestern", sondern drei Helferinnen, das Geben, das Wiederbringen und das Überwinden – Tugenden, die der Krankenpflege zuträglich sein mögen, gewiss, aber eben keine wirklichen Menschen, und es klappte ja auch sonst nicht alles! Gesandt, geholt, tatkräftig, predigend und wunderbegleitet reisen die Heiligen durch die Welt. Bei Stilla ging das alles nur sehr zäh! Schon der Brand, der alles über sie Geschriebene vernichtete. Und auch diese Legende vom Schleier ist dubios. Immerhin müsste er ja einige Kilometer weit geflogen sein. Nun gut, wir stellen uns das vor – nicht mit Hilfe des starken Nordwest, wie bei Walburgas Schiff, sondern vielleicht eher thermisch. An einem heißen Tag, schwankend in den Luftschichten, gelegentlich von einer aufsteigenden warmen Strömung aus der Senke erfasst, zwischen Fliegen im schwappenden Luftmeer immer wieder angehoben und fortgefächelt, überwindet der Schleier, der ihr sagen sollte, wo sie ihre Kirche gründen würde, die enorme Entfernung.[6] Stilla selber sinnend und schauend, zum Beispiel, weil es ihr zu warm geworden war an diesem Abend, weswegen sie ja vielleicht ihren Schleier löste, vielleicht nach einem Essen mit Freunden, wer weiß, auch nach einem Glas Wein, der verfügbar war und das Gelöbnis der Jungfräulichkeit nicht betraf; „Gutedel" hieß die Sorte, von den Römern gebracht und in Franken fortgezüchtet. Also steht Stilla nun da, umgeben von ihren Schwestern, die eigentlich Tugenden sind, und sieht ihren Schleier davonfliegen. Wenn man Samstag oder Sonntag auf der Burg steht, kann man es sich sehr gut vorstellen. Wehende Schleier überall, der Bürgermeister und die Hochzeitsgesellschaften … Sollte Stilla vielleicht überhaupt eher eine Art touristische Brautheilige sein? Aber das ist natürlich nur so ein Gedanke …

Stilla wird ansonsten sehr verehrt. Es gibt Prozessionen. 1897 eine bischöfliche und 1927 die päpstliche Bestätigung.

Heute, im Jahr 2008, ist die literarische Bestätigung fällig. Ich weiß, das rührt Sie nicht besonders! Eine erneute päpstliche Bestätigung, das wäre schon was anderes!, denken Sie. Und die Behauptung, dass die päpstliche wie die literarische Bestätigung im Grunde ein- und dieselbe sei, ist natürlich eine blasphemische Annahme meinerseits, zumindest was die Prozessionsmacht der Schriftsteller und Kulturämter im Gegensatz zu der der katholischen Pfarrämter anbelangt.

Kurzum, Walburga war das Original, Stilla eine Art Nachbild im Gefolge der großen englischen vier, Bonifatius, Willibald, Wynnebald (Wunibald) und der Klostergründerin Walburga, weswegen es dann eben vielleicht nur zur Seligkeit reichte. Aber Seligkeit ist ja auch schon was. Und wir sind nun froh, dass wir angesichts Stillas auch die vier Elemente vollständig aufzählen können, was sie zu einer romantischen Gestalt macht. Die Luft als das Element, dem sie ihren Schleier anvertraute, die Erde in den Stilla-Herzen, die die Nonnen des heutigen Klosters immer noch aus ihrem unerschöpflichen Grab füllen, das Wasser schließlich im Stilla-Brunnen, und das Feuer, das leider die genauen Aufzeichnungen verbrannte, so dass wir uns lustvoll den Legenden überantworten können …

Golf

Um das Loch herum ist der Rasen so fein, dass ich genau untersuche, ob er nicht vielleicht doch aus Plastik ist. Aber nein, er ist echt. Die Gestalten, die mir begegnen, mit kleinen Wägelchen, haben etwas schottisch Ländliches, eine Frau im weißen Pullover mit karierter Hose und Schuhen, die sicher im „Pro-shop" gekauft sind, erklärt mir das Sandeisen. „Der schönste Sport der Welt!", sagt sie. Sie mache es seit zehn Jahren, aber man solle es „zusammen machen", sonst gehe die Ehe kaputt. Sie jedenfalls ist allein. Nein, nein, sie könne mir nichts zeigen, aber die drei Herren dort. Sie sagt wirklich „Herren", diese drei Herren dort hätten ein erstaunlich niedriges Handicap.

Ich gehe zu den Herren mit dem niedrigen Handicap. Sie bewegen sich federnd, sehr sportlich, hüpfend, fast tippelnd, wie aufgeregt mit ihren Wägelchen Richtung Fahne und hocken sich hin und visieren und schaukeln mit dem Oberkörper und schlagen zur Probe ein paar Mal mit dem Schläger am Ball vorbei, bevor sie ihn abschlagen. So beweglich hatte ich mir Golf nicht vorgestellt. Ich hatte das bisher tatsächlich immer nur im Fernsehen gesehen, und dort ist es mehr so, als würde jemand sehr lange und sehr konzentriert auf den Ball blicken, ein Weltstar, eine Minute, und den Schläger kaum bewegen. Dann würde er vielleicht die Fotografen verjagen. Aber hier! Auch die Gangart der drei Männer scheint mir ganz anders als etwa in Filmen, wo ja meist Millionengeschäfte beim Golf besprochen werden. Diese Männer kommen mir vor wie aufgeregte Jungs, kleine vor Begeisterung schaukelnde Buben. Ich stelle mir vor, ich müsste ein völlig anderer Mensch werden, um hier jemand zu sein. Schon die Etikette!

Die Etikette sei 85 Prozent, wird mir gesagt, der Franke werde, so wie er sei, durch Golfetikette gewissermaßen zum Weltbürger, und was dies besagt, wird mir auch erklärt. Nicht nur die Kleidung, ländlich schottisch und auf alle Fälle lange Hosen und keine, nein um Gottes Willen keine Jeans! Doch es geht um mehr! Die Etikette etwa besagt, dass, sollte einer meiner Bälle ins sogenannte Biotop oder auch in die „Wildnis“ fallen – das sind die ungemähten Stellen im Gras –, er sozusagen verloren ist! Wenn einer meiner Bälle nämlich in die „Wildnis“ fällt, dann darf ich ihn nicht holen, sondern muss ihn liegen lassen, „aufgeben“, den teuren Ball, muss einen neuen Ball nehmen und daneben abschlagen. Also, Sie verstehen, da liegt der weiße Ball in sichtbarer Entfernung, sagen wir, drei Meter, hat doch einige Euro gekostet und ich darf ihn nicht holen, weil dieses Inselchen Gras „Wildnis“ ist – und fünf Meter daneben ist kein Biotop und keine Wildnis, sondern eben bloß ein Stück ungemähte Wiese außerhalb des Golfplatzes, und dort dürfte ich ihn jetzt holen.

Etikette eben. Ich darf meinen Ball nicht mal anschauen! Ich muss so tun, als sei er gewissermaßen in der Wildnis verschwunden. Muss mich locker auf meinen Schläger stützen, mir einen Strafpunkt eintragen, einen Grasbatzen zurücklegen, den ich herausgeschlagen habe, und mich dem nächsten Loch zuwenden, weit hinten in hundert Meter Entfernung, wo ich in ein, zwei Schlägen zu sein habe. Also einem sparsamen Franken missfällt das, das muss hier mal gesagt sein. Ich frage mich auch, ob die Etikette so weit geht, dass die in der Wildnis liegenden Bälle dort jahrelang liegen und sozusagen mit zur Wildnis werden, oder ob die Golfplatzangestellten sie abends aufsammeln und zu den Übungsbällen für die Anfänger legen. – Aber natürlich sind solche Fragen eines Golfers mit Etikette nicht würdig; denn Etikette bedeutet, dass mir das alles wirklich völlig gleichgültig ist, sozusagen, oder vielleicht noch strenger: Ich werde hier dazu erzogen, einen ins Biotop verschlagenen Ball nicht einmal zu ignorieren – gentlemanlike mich meiner nächsten Aufgabe zuzuwenden, und auf diese Weise werde ich dann eben vom kleinkarierten, sich beklagenden, sentimentalen, sparsamen Franken zum großzügigen Weltbürger mit klaren Prinzipien und kleinem Handicap.

Die drei Männer mit dem erstaunlich niedrigen Handicap schütteln sich gerade über dem letzten Loch, in das sie „eingeputtet“ haben (so heißt das hier), die Hände. Alle tragen Handschuhe, die wahrscheinlich auch zur Etikette gehören, dann lagern sie an einer Bank und putzen ihre Schläger. Der Beste ist klar erkennbar. Schon wie der dasteht. Mit sehr viel Etikette, vermute ich, denn hinsetzen wäre ein Fauxpas. Nur die Damen setzen sich. Die Herren haben zu stehen oder in der Nähe der Bank zu hocken. Der Beste ist eine hagere Persönlichkeit im grauen Rolli. Er schaut jetzt zur Burg hinauf und wippt in den Knien vor dem letzten Loch und dann wendet er sich seinem Wägelchen zu. Auch die anderen sind fertig und dann ziehen sie weg, die drei, wie Jungs, die ihre Schlitten heimziehen in der Wintersonne …

Die Stimme am Telefon war sehr freundlich. Ob ich denn auch nach Roth kommen würde. Ich dachte an die berühmte Kulturfabrik und „na ja, wenn ich mal in der Kulturfabrik auftrete, wird mir kein Zacken aus der Krone fallen". Der junge Mann sprach dann weiter von einem Fischereiheim, das schwer zu finden, aber recht gemütlich sei, fränkisch eben und mit einem Hecht als im Wind schaukelndem Gasthausschild in der Nähe der Stadtwerke. Ich dachte daran, dass schon Martin Walsers Eltern ein Gasthaus „Zum Hecht" besessen hatten und fand Hecht und Raum. Auf dem Tisch, auf den ich meine Bücher legen sollte, lag eine Kreuzworträtselzeitschrift und ein Stapel Bierdeckel. Zu essen gab es nichts, aber die Limo sei frei, meinte der Veranstalter. Ich ging dann noch mal in die Stadt zurück, um mich zu stärken, fand ein Gasthaus, das sah aus wie der „Michel" in Abenberg. Ich bestellte dort wie im „Michel" auch einen Schinken-Käsetoast und ein Bier. Neben mir stille Zecher, einer philosophisch blickend und zwei, betroffen durch meine plötzliche Gegenwart, sehr lange schweigend, bis sie ihr wichtiges Gespräch fortsetzten. Über Spielzeugeisenbahnen.

Eine Frau war auch noch da und drückte auf die Spielkartenfelder eines Automaten. „Passt der Toast?", fragte der Wirt. Ich lächelte. „Passt scho", sagte er für mich, wie um es mir beizubringen. Ich nickte bloß dazu und dachte, „Passt scho" … Über uns schwankte ein Holzschild mit der Aufschrift „Kaminzimmer".

Vor dem Fischereiheim war mittlerweile eine Laterne ausgefallen, ein Hund bellte und mir wurde bange zumute, aber dann hatte ich den Griff der Tür in der Hand und drückte ihn mutig hinunter, trat in den hellen Raum und stellte mich den jungen Literaten des Ortes.

Zu den literarischen Clubs und Werkstätten in den

Gemeinden Roth, Wendelstein, Hilpoltstein, Schwabach und umliegenden Dörfern ist zu sagen, dass ich überrascht bin. Ich habe vor nicht allzu langer Zeit angesichts des Grundmusters Schamberger'scher Literaturerzeugung eine These zum typisch Fränkischen in der Kunst gewagt, die ich hier wieder bestätigt fand. Sie lautete: „Der Franke ist – ganz im Gegensatz zu dem, was der Polyglott über ihn schreibt – ein Schlaukopf mit Hang zur produktiven Faulheit. Insgeheim hat er ein hohes Ethos und hält Faulheit für unentschuldbar, daher schützt er sich vor drohender Kritik durch einen genauso gut ausgeprägten Hang zu lebenslanger Tiefstapelei und vorauseilender Selbstbezichtigung, wobei er aber zugleich im Verborgenen seine Begabungen entfaltet."

Die angesprochenen literarischen Vereinigungen glänzten allesamt durch das Understatement ihrer Mitglieder, durch die schiere Unkenntlichkeit ihrer Wortführer, die angenehm bescheiden und unmerklich wirkten, durch schier benediktinischen Umgang miteinander, auch wenn gelegentlich weniger exzellente Literatur gelesen wurde. Man kann das mit Kritiklosigkeit verwechseln. Tatsächlich aber ist es Ermutigung und gegenseitige Hilfe, und gelegentlich entsteht auch höchste Qualität in einem Raum, in dem die Begabteren sich als Autoren, Herausgeber, Kritiker, Lektoren, Feuilletonisten, eventuell sogar als zukünftige Kleinverleger und Ausrichter von kleinen Literaturfestivals entwickeln, meist in ein- und derselben Person. Aber so ist es eben in kleinen Verhältnissen und wären sie größer, sie und ihr Publikum könnten leergewordene Läden und Fabriken füllen, von denen zum Beispiel die Stadt Roth legendäre einundvierzig aufweisen soll. Aber ich bin Windanbeter und kein Kommunalpolitiker.

Brief an den Turmschreiber VI

Vor ein paar Tagen besuchte ich den Hauptwissenden und wahrscheinlich Weisesten der Gemeinde, der auf alle Fälle zumindest das Gestische der Weisheit hat, was seinen Ernst wie auch seine Befassungs- und Argumentationsmethoden angeht, und der mich mehrere Stunden lang mit Erläuterungen über die Hintergründe der Seligsprechung Stillas durch Papst Pius XI. unterhielt und dabei nicht nur über hagiographische Details, sondern auch über Kirchenkritiker Küng und den Abt von Taizé und den Kollegen Deschner flanierte. Du weißt schon. Der soll ja demnächst hier den Kulturpreis erhalten – wahrscheinlich trostweise für die Qualen seines lebenslangen tapferen Versuchs, über das Negative der Amtskirche zum göttlichen Gegenstand der Erkenntnis vorzustoßen. Ach, die Weisheit und ihre verschlungenen Wege. Ich bin sicher, auch Kollege Deschner ist jetzt weise. Aber das gehört nun erst recht nicht hierher. Ich wollte Dir ja nur diesen Ortsweisen und Theiresias Abenbergs erwähnt haben, ein gelernter Drechsler übrigens, der in Würzburg sein geistiges Erweckungserlebnis hatte, dessen hierfür nähere Umstände Du aber selber herausbekommen müsstest. Halte Dir jedenfalls einen Abend frei oder zwei, an denen Du mit ihm schwadronierst, denn er ist nicht nur Drechslermeister und Hersteller der berühmten eintausend Leinenklöppel (mit Hülsen!) für die Koreanerin Chjien Che Seop, die hier in den sechziger Jahren das Spitzenklöppeln lernte, um es in Korea einzuführen (ja, die Bezüge Abenbergs zur Welt sind unendlich!), sondern auch ein unvergleichlicher Kenner und zugleich milder Interpretator des abenbergischen Seins, der mein eigenes tapsendes Wissen immer wieder freundlich zurechtrückte. Er wird Dich aufklären darüber, was „Sualafeld" heißt und warum Otto von Bamberg und Stillas dreifache Grablege direkt miteinander zu tun haben.

Und! Denke im Übrigen ja nicht, dass Du in Franken ohne das Wissen über diese Dinge weit kommst! Wenn Du aus Franken bist, weißt Du das, wenn aber nicht, sei Dir gleich gesagt, der Franke ist vielfältig und nur oberflächlich bescheiden und mild. Im Herzen ist er dreifach: aufrührerisch, wissensreich und von der Zähigkeit des nicht ganz Mächtigen, die ihn eine Sache lieber zehn Mal versuchen lässt, als sie zu lassen, und der sie dann meist schon aufs dritte Mal schafft. Doch ich verlaufe mich schon wieder, denn ich wollte ja dem Abenberger Hauptgelehrten und wahrscheinlichen Ortsweisen ein Denkmal setzen, dies nämlich oder gar ein Stein zu Lebzeiten wäre am Ende sinnvoller, als es ihm in allen Dingen gleichtun zu wollen.

Wenn man sich die Frage nach dem Grund seiner Weisheit vorlegt, so gibt es außer dem Hinweis auf die Gnadenlehre der katholischen Kirche noch einen zweiten, eher psychologischen Grund. Ich nehme nämlich an, ihn plagt eine schwere Schuld, die er nun mit seinem Wissen und Hunderten von Veröffentlichungen über Abenberg abdient: Er hat nämlich in jugendlichem Ungestüm ein jahrhundertealtes Haus abgerissen, am historischen Marktplatz, und ein modernes hingebaut. Seine Mitbürger leben nun, soweit sie noch innerhalb der Mauern leben, selbstgenügsam in ihren historischen Häusern und sind sozusagen ganz bei sich und ihrer Geschichte. Er aber, mit all seiner Liebe für das Historische, wohnt in einem neuen Haus und musste daher die ganze Stadt zu seiner Liebe machen und jedes historische Mauerwerk untersuchen und beschreiben und die Geschichte selbst beschreiben, was ihm eine gewisse Ruhelosigkeit, aber durchaus auch gelegentlich Seligkeit gibt.

Natürlich muss man bemerken, dass die Abriss-Sünde bereits die List der Vernunft gewesen sein könnte, denn es wäre vielleicht gar kein beschlagener Historiker und Bundesverdienstkreuzträger aus ihm geworden, wenn er sich zum Beispiel wie die anderen Abenberger im Renovieren und Ausbauen und Sandsteinmauernverlegen und dem Verfassen tief empfundener Gedichte erschöpft hätte. So aber saß er in seinem geschichtslosen Haus und dachte nach über die Jahrhunderte der Stadt, und träumte sich hinein, und die Stadt selbst wurde sein Haus. Sprich mit ihm, statt in den Büchern zu wühlen. Er ist das lebende Orakel des Ortes und dessen geistiger Teil. Du solltest zum Beispiel mal sein Verhältnis zu Schwester Mechthilda vom Kloster Marienburg erfragen, denn diese hat damals vor mehr als 40 Jahren jene Chjien Che Seop ins Kloster aufgenommen, für die er, wie ich schon sagte, eintausend Holzklöppel herstellte. Was aus Chien Che Seop geworden ist oder aus ihrer jungen Gehilfin? – Forsche, mein Freund!

Versuch über Engel

Gnotzheim, Westheim, Meggesheim, Trüdingen, Hechlingen. Die fränkischen Dörfer sind alt. Rosen wuchern an Gittern. Die Kirchdächer glänzen. Grün schwingen Wiesen. Die Menschen hier werden geboren, träumen eine Zeit lang vom Glück, übernehmen die Häuser der Alten, den Hof, den Laden, die Tankstelle, erziehen ihre Kinder und werden auch alt. Der Hopfen klettert die Stangen hinauf. Der Rausch des Wiesenschaumkrauts. Traumkraut der Wanderer. Eine Schafherde in einem Pferch. Römische Reste schlummern unter der Erde, und auch die Kelten haben einen Hauch hinterlassen. Hier und da eine Bildsäule oder ein Engel. Oben bei Gnotzheim zum Beispiel. Sie stehen da, als hätte ein Riese Figuren mit winzigen Köpfchen aus einem Spiel genommen und sie in die Wiesen gestellt. Manche sind bemalt, so wie Kinder Figuren bemalen oder fromme Ikonenmaler, unbekümmert, die Farbe wie Opferblut auf die Figuren gestrichen, tropfend und fließend.

Lieber Heinrich,
heute konnte ich Deine Musik hören. Sei bedankt. Du hast mich aus einer Menge unsinniger Gedanken gerissen und mich dorthin gebracht, wo ich hingehöre. Die Stücke gefallen mir. Nein, „gefallen" ist zu wenig. Ich bin fortgenom-

men und bestätigt – ermahnt und aus großer Enge befreit! Dieses zwischen Pachelbel und Chopin, Klassik und Jazz hingleitende – Weltgefühl. Sag, könntest Du diese Dinge nicht bedeutsamer spielen? Auf dem Band sind sie so genialisch „angedeutet", und gerade diese Stücke könnten doch, wirklich sicher ausgebreitet – und ich versichere, sie würden das vertragen –, sie könnten, wirklich ausgebreitet, sage ich, geradezu ein Pendant für Petrarcas Kosmos der Intelligenzen werden. Du weißt, jenes Flammengeäder, dessen natürlich nur denkbare Mitte Gott ist und dessen Peripherie die Engel und die Heiligen. Was für ein geniales Bild für den menschlichen Geist und seine Korrespondenzen. Stell Dir die Landschaft dort vor! Wie man in diesem Ort sozusagen über allem thront – und dazu Deine Musik!

Nun der Grund meines Schreibens: Der Termin, zu dem ich über diesen Bildhauer reden soll, rückt näher. Die Veranstalter haben „Hommage" auf den Titel gesetzt, ohne mich zu fragen, und ansonsten eine junge Dame geschickt, die das schon abgemachte Honorar drücken musste. Ich ließ mich drücken, fragte noch, wie ich mit dem verbleibenden Rest nun tagelang das Schloss, verschiedene Städte der Gegend und sonstige religiös-künstlerische Zauberbezirke durchforschen und einem blinden Freund und Musiker alles so erläutern solle, dass dadurch ein Publikum wirklich gefesselt und nicht nur abgespeist werde. „Wir wollten doch zusammen dorthin!", fügte ich an und versuchte wirklich das Äußerste meiner Überredungskunst. Ein Bekannter aus Bamberg habe überdies eine triadische Harmonik geschrieben, die es bei ein wenig zusätzlich bezahlter Zeit erlaube, religiöse Gehalte, Farben und Figuren ganz neu umzusetzen in Musik. Wir müssten zudem nie gekannte Stimmungen öffnen. „Sehen Sie, das Geräusch von Engelsflügeln zum Beispiel ...", sagte ich.

Die Dame seufzte und gab zu, dass an so etwas nie gedacht war. „Mir sind die Hände gebunden", sagte sie. „Sie sollen auf das Schloss kommen und dort reden. Ihr Pianist kann dazu spielen. Haben Sie nichts Altes?" Ja, so fragte sie, so als ob das gar nicht so wichtig wäre und als ob man dort in Spielberg eigentlich eine Art Vorwand bräuchte, uns auftreten zu lassen. Da sie Mitleid hatte, schenkte sie mir zum Abschied noch ein Motto Ernst Steinackers. Es lautete: „Öffne das Unbekannte!" – „Öffnen Sie doch das Unbekannte!", sagte sie und sah mich an, als wäre ich nun für das Wunder zuständig.

Und stell Dir vor, lieber Heinrich, das Wunder kam! Ich hatte mich bisher an einer Erinnerung festgehalten. Auf Anraten frommer Verwandter aus Franken (alle Franken sind fromm!) hatte ich diesen Bildhauer schon vor Jahren besucht. Er hatte gerade eine Busgesellschaft absolviert. (Du weißt, er führt selbst in seinem Heiligtum und benutzt die Gelegenheit weidlich zur Predigt.) Wir saßen auf dem Sofa. Du hast es bei unserem letzten Besuch gesehen, oder vielmehr nicht gesehen; dass Du blind bist, vergesse ich ständig, erst die schwarzen, unbeschrifteten Kassetten, die Du mir zusendest, erinnern mich jedesmal an Deinen seriösen platonischen Zustand. Kurzum, auf diesem Sofa, unter den üblichen Künstlergeständnissen über unbezahlte Rechnungen, Ehefrauenmissgunst und hübsche Studentinnen, fiel auch dieser Satz, an den anzuknüpfen mir jetzt die einzige Möglichkeit schien: „Wie sich die Sprache zum Wissen verhält, so verhält sich die Kunst zur Religion", lautete er. Schelling, vermute ich. Fränkisch geäußert, zwischen Gemurmel und genialischem Blättern in irgendwelchen Papieren. – Daran wollte ich nun also anknüpfen, statt teuer zu reisen.

Du siehst, ich war drauf und dran, aus purem Honorarverdruss eine blass gewordene alte Inspiration aufzugreifen oder gar etwas nicht Inspiriertes zusammenzusetzen, und dann kam das Wunder. Und – Du wirst es nicht glauben – mir erschien ein Engel.

Der Engel war männlich, leicht übergewichtig und musizierte als Cellist bei einem bekannten Nürnberger Orchester. Sein Anruf kam gegen Abend von einem der letzten öffentlichen Münzfernsprecher Nürnbergs. Er bat mich, ihn zu treffen und machte es wichtig. Er habe rein zufällig von meiner Aufgabe und meinen Schreibnöten erfahren und müsse nun mit mir reden. Ich wusste schlagartig, dass jetzt etwas Außerordentliches geschehen war und verabredete mich umgehend am Wörder See.

Der Engel wartete schon. Neben ihm stand ein roter Motorroller. Unter dem Klappsitz hatte er einige Franken-Bildbände und in seinen Augen und um ihn war der Glanz des abendlich blitzenden Wassers. Die Lichter der Stadt spiegelten sich. Das Rot und Grün der Werbeaufschriften. In der Mitte wehten die goldglitzernden Schleier der Fontäne. Es war ein sehr warmer Nürnberger Abend und die Liebespaare – auch wir – gingen am Ufer auf und ab; und dann begann der Engel.

Er sah mich an, dass ich meinte, seinem Blick ausweichen zu müssen und fragte: „Kennst du das Heil der Welt? Fragst du dich jeden Tag, ob du teilhast …?“

Ein eigenartiger Beginn für ein Gespräch, ich gebe es zu, aber ich schwöre Dir, lieber Heinrich, genau so war es. „Fragst du dich jeden Tag, ob du teilhast?“ – Natürlich sagte der Engel alles Mögliche, und auch seine Einleitungsfloskeln, die Begrüßung, das waren alles unverfängliche Dinge, wie sie ein Franke eben so zum anderen sagt. Er sagte: „Hallo, suchst du schon lange …?“ und auch so etwas wie „Fürchte dich nicht, es wird nicht allzu lange dauern, auch ich muss gleich heim, ich habe Gäste, nur möchte ich dir etwas sehr Wichtiges sagen.“ Und dann eben kam diese für mich wirklich nicht überhörbare Frage. „Hast du Anteil …?“

„Das kommt etwas plötzlich!“, antwortete ich. „Ich mache mir natürlich solche Gedanken, bisweilen, aber jetzt in dieser Mainacht, in der Wärme und umgeben vom glitzernden Wasser …" Aber er ließ nicht locker. „Das Wasser …", so begann er, „das Wasser dieses Sees kann eine Zeit lang so spiegelglatt wie hier die Schönheit der Welt künden und dann …, sieh!"

Du weißt, lieber Heinrich, der Wörder See verengt sich beim Überflutungsbecken am Talübergang. Das Wasser stürzt zuerst über ein Wehr und dann verschwindet es zwischen Gittern und Steinen, um wieder ins alte Flussbett der Pegnitz kanalisiert zu werden. Wir standen auf der Brücke und ich sah betroffen, wie das Bild des Sees tatsächlich zuerst wie auf einer dünnen Haut tanzte und dann regelrecht im Abgrund verschwand. „Hast du im Betrachten dieser mit dem Wasser wegstürzenden Bilder nie Angst, dass du selbst am Ende einmal genauso mitstürzt?"

So fragte der Engel. – Oberflächlich gesehen sprachen wir natürlich von anderem, von der Wandlung des Leidensbegriffes seit Epiktet und über die Frage, was das Abgründige sei, über fränkische Orte im abendlichen Holzrauch und über Musik. Wir wandelten scheinbar selig, wie man so sagt. Aber dahinter und „wirklich" sprach der Engel mit mir über dieses, sagen wir ruhig apokalyptische Thema und mir war beklommen zumute. Hatte ich Anteil? Würde es mich einfach so in den Strudel ziehen, eines Tages, wie den Wörder See in dieses gurgelnde Loch, und die Welt wäre nur die Spiegelung einer hauchdünnen Oberfläche meines Bewusstseins, eines Sees, dessen Wasser am Ende eben doch einfach versank? – Das Gefunkel des Sees, das Leuchten, das Klingen, das Flüstern der Stimmen, die Bewegungen der Schenkel einer Schönen, die im leichten Kleid auf dem Abendgang nahte, neben ihr ein junger Mann, der sie gleich in irgendein Kissen drücken würde – und dann der Absturz all dieser Bilder im ernsten, auf mich gerichteten Blick des Engels.

Hast Du „Anteil am Heil der Welt", lieber Heinrich? Wärst Du gerettet, auch wenn jemand den schillernden

Vorhang wegzöge und alles im Schäumen eines Wasserfalls endete? Ich weiß, Du würdest es anders ausdrücken, musikalisch – aber ich bin Schriftsteller und Bilderzauberer. Und Schriftsteller sind so etwas wie religiöse Snobs. Leicht entflammbar für all diese Dinge, wie natürlich auch für die Liebe, aber letztlich eben nie ganz überzeugt von den überkommenen Formeln und Sitten! Denk Dir meine Bestürzung. Die Farben, der See, der flossentragende Neptun und seine Nymphen, die Nachtfalter um die Laternen, die schwarzfliegende Flamme der Haare dieser Frau mit bleichem Gesicht, die im Vorbeigehen nach Sand roch – verschwunden in einem feuchtkalten Hauch aus dem Kanal, schwimmende Obstkisten darin und ein – Abflussgeräusch.

Oh, ich kenne die Sprache der Engel! Ich habe das studiert! Es ist Dir neu, aber Du musst es wissen, ich habe eine zweijährige Lehrzeit auf einem jesuitischen College in Irland genossen. Ich lernte dort, die „Süße des Herrn" zu kosten, wie das hieß damals – „the sweetness of the LORD" – im Gespräch, im Vortrag des Wortes oder der Musik, und ich hatte sogar „Engelkunde" und einen Lehrer, Pater McGrail, der mit mir zwischen Ruinenmauern und efeuumsponnenen Eichen von den Beziehungen zwischen McDermot und Clon McNoise erzählte. Der keltische Mythos und seine Verbindung zu frühchristlichen Heiligen war sein Gebiet. Er kannte sich sehr gut aus in Franken – Bonifatius, Walburga, der Druidenstein von Abenberg, na gut, von dem wusste er nichts.

Der Engel also am Ufer des Sees neben mir. Er hatte eine Mopedtour zum Maler Steinacker gemacht, war dort, wie die beiden Engel einst zu Lot einkehrten, in Gestalt eines jener Paare aufgetreten, von denen Steinacker schreibt, dass er ihnen gern Qartier macht – und hatte mitgebracht, was ich brauchte. Bücher, Ideen, Ortskenntnis und das Wichtigste, Musikalität im Sehen der Bilder. – „Hast du jetzt Anteil?“, fragte er lächelnd nach unserer Unterredung und verabschiedete sich.

Und ich? Ich schämte mich. Ich hatte doziert, griechische Philosophie zitiert, mich beklagt, dass Epikur in Dantes Hölle einen schlechten Platz habe, und über die Engel meines Bildhauers „kunsthistorisch“ geredet, einschließlich der Unwahrscheinlichkeit keltischer Reste auf den Hügeln über Gnotzheim und Mäbenberg, und nun musste ich zugeben, dass mein Wissen nichts nutzte, dass das von uns laut geführte Gespräch nur die Vorderseite eines ganz anderen Gespräches voller Winke und Weisungen war, das gerade zur selben Zeit ablief und in dem sich Bilder, Gedanken und das Gesprochene zu einem ganz anderen, nur mir hörbaren Geschehen verdichtete, einem Geschehen, das mich auf eine Fährte setzte. Glaub mir, als ich plötzlich dieses zweite Gespräch hörte und diese Frage und als ich die wegstürzenden Bilder sah und nur noch wie von fern meinen eigenen Gedanken und Worten lauschte, da wusste ich plötzlich, – dass ich doch der Richtige für dieses Thema war. Nicht irgendeiner, sondern der ihm zugedachte, seit meinem ersten Besuch in dieser Gegend, verstehst Du?

Du siehst, oh Leser, wie zu größrem Stoffe
ich mich erhebe, wundre Dich nun nicht,
wenn mit vermehrter Kunst ich ihn behandle!
Wir nahten uns und kamen bald dahin,
wo, was mir erst nur eine Spalte däuchte,
als Pforte sich ergab, zu der von unten
drei Stufen von verschiedner Farbe führten;
dazu ein Pförtner, der für jetzt noch schwieg.
Wie ich bei weitrem Hinschaun wahrnahm,
saß er auf der höchsten Stufe und sein Antlitz strahlte
so dass mein Aug es nicht ertragen konnte.
(Dante)

Geliebter!

Seit Tagen versteckst Du Dich. Ich rufe an und niemand hebt ab. Ich stehe vor Deiner Tür und niemand sieht heraus. – Wo bist Du? Läufst über die Felder, sitzt an Wegrainen und denkst über Gelesenes und Gehörtes. Hat Dich dieser fränkische Engelbauer wirklich so beeindruckt? Ist er ein Heiliger? Ich bin Deine Heilige! Ich bin hier und warte, meine Liebe soll Dich beflügeln und ich möchte mich für Dich rot und blau malen! Wozu fährst Du dort hin? Es lohnt Dir keiner! Sie hören Dein Lied und gehen zur Tagesordnung über. Lies doch bei Dante über die Engel statt bei Deinem Bildhauer! Ach, ich lese Dir vor! Stell Dir vor, ich schlug Dante auf, den neunten Gesang, das Inferno. Da ist der Engel, als die beiden Höllenwanderer nicht in die Stadt der Verdammten gelangen können, oder nimm den anderen, den mit brennend rotem Leib und weißen Flügeln, den Fährmannsengel, und die Engelsvögel! – Kennst Du diese Stellen? – Oder den Pförtner auf den Marmorstufen. Aber ja, Du kennst ja alles. Du wirfst den Koran und Dante und die Bibel und die Wissenschaft in einen Topf und machst Dein wirres fränkisches Meer daraus, übrigens wie alle Franken, kaum haben sie etwas Bildung genossen, schon bringen sie alles durcheinander. Warum, warum nur? Denn es macht Dich doch nicht glücklich! Ich weiß es. Stehst Du nämlich tatsächlich am Meer und stehst Du tatsächlich vor dem Anbetungswürdigen und hast Du tatsächlich einen Engel vor Dir oder einen Landtagspräsidenten oder Minister, dann bist Du blöde und steif und verbirgst Dich, hörst woanders hin und wartest schüchtern, bis der Moment vorbei ist. – Statt mit diesem Engelbauer zu reden und finanziell abzurechnen, umschleichst Du sein Haus und schüttelst den Kopf und sagst, er kann Dir nichts sagen, er rede durch andere Dinge hindurch, und wenn er redet, reden ständig andere dazwischen, selbst in seinem eigenen Kopf redeten ständig andere dazwischen, so sagtest Du doch neulich, oder?

Dieser Mann hat ein Reden, das für einfache Menschen mit offenen Herzen gemacht ist, sage ich Dir, und nicht für komplizierte Uhrwerke wie Dich mit verschlossenem Deckel und verbogenen Zeigern auf dreierlei Zifferblättern. – Dieser Mann ist ein Gotteskind! Du stehst nur herum und weißt, und Dein Wissen verstopft Dich und an Deine Brust kann man trommeln, so sehr bist Du verborgen vor denen, die Dich lieben. Warum? Sieh, der Himmel ist doch offen! Die Wolken ziehen leicht, und alle Blumen blühen. Ach so, Du hast ja Heuschnupfen. Bei Regen und nachts gehst Du bevorzugt aus. Sag, wie wirkt ein Garten um Mitternacht? Und wer spricht zu Dir, wenn Du dasitzt am Tisch mit der Suppe und ich frage Dich und frage nochmals, und Du siehst mich an und schüttelst einfach den Kopf, statt Antwort zu geben. Weißt Du, dass Du einem Blinden ähnelst, einem auf der Flucht, einem, der eine Schuld herumschleppt? Ach, öffne Dich doch! Du tust es so selten, dass ich zur Trauernden geworden bin in den Jahren unserer Liebe und es gar nicht glauben mag, wenn Du ab und an doch kommst und mich überschüttest mit Sonne und Gold und Lachen. – Was tust Du mitten in der Nacht da draußen? Wozu willst Du wissen, was ein Blinder sieht? Ich liebe Dich aber! Deine Grünäugige.

Wemding. Ein Marktplatz, eine Mittelschule und ein Heiligenbrünnlein. Wie überall in Franken. Aufsteigende Nacht, Regenwolken. Wind über Grashügeln. Ich läute an einer Tür, die Tür geht auf, ein gelber Lichtschein fällt heraus, über der Frau in der Tür eine Plakette mit verschnörkelten Buchstaben „Maria“. Darunter der liegende Mond. „Steinackers Andachtssteine wollen Sie sehen? Jetzt?“ Die Frau sieht mich an, überlegt, was ich für einer sein könnte, jetzt noch und bei hereinbrechender Dunkelheit. „Dort vorn“, sagt sie dann, zögert, als überlege sie kurz. „Ansonsten noch die Plaketten im Rondell unten bei den Bänken. Der Gnadenaltar. Aber der ist jetzt geschlossen … "

Ich danke und gehe. Leer ist die Straße. Die Andachtssteine schimmern im letzten Licht. Eine fast byzantinische Wucht geht von ihnen aus. Diesem Mann ist die Welt rund, muss ich plötzlich denken. Keine Kante, die nicht abgerundet wäre, keine Plakette, die nicht etwas Buckliges, keine Figur, die nicht etwas Rundliebliches hätte, wie ein Teig, der geknetet wurde bei der Erschaffung des Paradieses, es ist ein Gestus, als würde eine Mutter beständig über die pausbäckigen Wangen ihres kleinen Jungen streicheln und beschwichtigend sagen, ist doch gut! – Sechs oder sieben Steine, hüfthoch, abgerundet, verziert, ein Blumengitter, stilisierte Flammen, Gold … Der Weg ist nicht lang und hört auch in sehr gemessenem Abstand vor der Kirche auf. Es ist, als habe man sich bischöflicherseits nicht entschließen können, diese religiös nicht fassbare Vieldeutigkeit bis an die Kirche heranzulassen. Ich frage in der Wallfahrergaststätte nach einem Bett, trockne meine Haare, trinke Tee und Schnaps und gehe dann doch wieder hinaus.

Sehr geehrter Herr Professor …
… sagen Sie, was hat man von diesen Arbeiten zu halten? Spielen diese Engel kunsthistorisch überhaupt eine Rolle? Stehen sie wirklich mit Barlach oder Chagall in Verbindung oder sind es schlicht fromm nachempfundene Fragezeichen in fränkischen Äckern? Das Ikonographische weist auf die Bibel, der Ort der Aufstellung erinnert eher an keltische Menhire in Grasebenen, der Gesamteindruck erinnert an Dantes Landschaften, der Gestus, dieses Unbekümmerte, das Altes und Neues fugenlos ineinandermengt, gemahnt schier an Picasso – gut, es ist eine Spur weniger mondän, aber … Nehmen Sie die Köpfe der Engel, den Rumpf, die Flügel: überlebensgroß, die schwingende Beckenpartie. Ohne Arme

und Füße! Es ist, als solle die ganze Figur eine Flamme sein – und der Kopf, das Köpfchen vielmehr, folgt der Idee. Kennen Sie die Stelle, an der bei Dante Homer in Gestalt einer Flamme erscheint und die beiden Himmel- und Höllenwanderer anspricht? Mir scheint, hier liegt ein Geheimnis.

Dieser Bildhauer Steinacker schätzt im Übrigen die unbekümmerte Geste, so dass Halbgutes und Fragwürdiges neben höchst Vollkommenem stehen bleibt. Man wandert so durch einen schier absurden Wald der Anspielungen ans Kunstschaffen des 20. Jahrhunderts. Und dann die Schriften, in denen er ständig von höchstem Anspruch redet! Es sind eigenartige Texte, Weihetexte, würde ich vorsichtig sagen. Bisweilen gewinnt er Wissenschaftler, Theologen, Schriftsteller, fügt Passagen seines Sohnes, offenbar eines Kunstwissenschaftlers, ein. – Es ist ein genialisch improvisierendes Weben zwischen seriös akademischem Kunsthauch, Volksfrömmigkeit und mythologischer Anarchie. Glauben Sie mir, das soll es nicht herabsetzen; ich ahne vielmehr umgekehrt, dass aus so etwas das wirklich Gute kommen muss. – Ansonsten habe ich die Jakobslegende als Schlüssel ausgemacht. Er schreibt über seine Aufnahmeprüfung: „Bei der Aufnahmeprüfung … musste jeder Prüfling neben Zeichnen und Entwerfen ein ganz persönliches Werk schaffen. Ich nahm das Thema der Engel. Wenn Jakob im Alten Testament eine Nacht mit dem Engel gerungen hat, wie man weiß, so habe ich drei Tage mit diesem Thema gerungen, und sie waren, wie ich mir denke, nicht minder schrecklich … Jeder neue Ansatz scheiterte an meiner Unsicherheit, so dass ich von der Arbeit weglief, in einen Park, und weinte. Als Versager kam ich mir vor.“

„Drei Tage!“ Sie verstehen! Welche Prachtvokabeln, welche Kunst des Bedeutsamkeitsredens, sogar in der nie ganz unaufgehobenen Selbsterniedrigung. Ein ahnungsvoller Gang auf des Messers Schneide! – Die Engel stehen ansonsten ums Schloss Spielberg bei Gnotzheim, in Lopsingen, in

Wemding, in Rothenburg, in Neresheim, auf dem „Walberla", einem Berg unserer Gegend. Ich schicke Fotos. Leider sind sie nicht gut, aber ich hatte die absurde Idee, sie bei Nacht zu besichtigen, wegen eines blinden Freundes, dem ich etwas abringen muss. Stellen Sie sich vor. Er bezieht sich auf Kahlil Gilbran, um die Beziehung zu seiner Mutter darzustellen. Man stößt sozusagen auf eine heilige Monika, wie bei Augustinus. Der Ärmste!

Jetzt bleibt mir noch, Sie für meine Fragen und eventuelle Eitelkeiten um Verzeihung zu bitten. Übrigens riet mir Frau R., mich an Sie zu wenden und hat mir auch einen Band Guardini aus Rom mitbringen lassen, mit vielen Anmerkungen. Ich vermute, Dante hilft eher. Oder vielleicht sollte ich alle Hilfe vermeiden? Und – sagen Sie, an wen wende ich mich wegen der theologischen Erläuterungen?

Herzlich, Ihr R.K.

Geliebter,
ich habe Deine bisherigen Sachen gelesen. Wirf sie weg! Menschen sind das Gewand Gottes, heißt es bei Steinacker, bei Dir sind sie das Gemurmel Gottes. Jenseits unseres Willens und Bewusstseins wirken die Engel, heißt es bei Guardini. Bei Dir fahren sie Moped! Engel bewohnen den Kosmos der Intelligenzen, heißt es bei Dante. Ich verstehe nicht, wie Du sie mit der materiellen Welt so vermischen kannst. Du profanierst alles und jedes aus diesen heiligen Bezirken! Das sanfte Erschrecken beim Auftauchen der Engel, das finde ich einen wirklich schönen Gedanken. Es erinnert mich an den Moment der sexuellen Vereinigung. Aber bitte behalt' das für Dich. – Schnupfen hast Du? Siehst Du! Hättest Du diesen Steinacker lieber tagsüber besucht! Aber ich liebe Dich! – Deine Grünäugige.

Wenn man nach Wemding kommt und vorbei an den bunten Lichtern der Pizzaria La Fontana durch eines der Tore in die Altstadt geht, erfährt man eine Entrückung besonderer Art, und hat man sich bisher in Raum und Zeit befunden, so steigt man nun Schritt für Schritt in eine Welt, die, wenn sie nicht ganz die engelbestückte Rose des Himmels oder Dantes Lichtsee der Heiligen ist, so doch das liebevoll verschnörkelte, weltliche Vorgärtchen dazu – auf mittelalterlichem Goldgrund und Fundament natürlich. Die Stadt ist leer in der Nacht. Was spricht, sind die Fassaden, die Brunnen. In den Gassen geht man, als müsse einem am nächsten Eck der Laternenanzünder begegnen oder der Quartiermacher des Kaisers. Karl VI. sei 1711 samt Gefolge im Gasthof Sonne abgestiegen, steht auf einer Plakette, die aus Steinackers Werkstatt kommt, und auf der anderen Seite der Tür hat er eine zweite platziert: Die Astronauten Mitchell, Roosa und Shepard sollen im August 1970 auch in der Sonne gespeist haben. Die Küche ist zu, aber die Wirtin hat ein schönes Gesicht, und wenn man länger hineinlächelt, macht sie drei Kartoffelpuffer. Beim Auftragen fragt sie, ob ich davon satt werde. Ich zahle und frage, ob sie davon reich wird. „Das haben wir aufgegeben“, sagt sie. „Aber wir bleiben. Dieser Platz ist ein großer Traum!“

Draußen sitzt ihr Mann und mustert die Fassaden, als sähe er sie zum ersten Mal. Es ist so still, dass man den Brunnen an der Pfarrkirche hört, auch von Steinacker, ebenso wie die Halleluja-Tafel im Haus Marktplatz Nr. 4 und der kleine Soldat im Kastenhaus. Hier also ist Steinacker geboren und ging sonntäglich in die Pfarrkirche mit ihren neunundneunzig Engeln, an der Hand der Mutter, der er seine Ergriffenheit mitteilte, indem er diese Hand besonders innig drückte. Der Brunnen ist rund, wie alles bei Steinacker. Über eine Kugelhälfte perlt Wasser und trommelt leise auf ein großes, reliefgeschmücktes Bronzebecken. „Die Vergangenheit umarmen wir in der Erinnerung, die Zukunft in unserer Sehnsucht", ich reibe mit dem Finger Wasser in die Buchstaben, damit ich sie im Schein der Laternen lesen kann.

Sehr geehrter Herr K.
ich beneide Sie nicht! Es ist eher ein Phänomen, dem Sie da huldigen müssen, und weniger ein Fall unserer kurzatmigen Kunstgeschichte. Vielleicht wird einmal jemand sagen, dieser Mann habe unserer Zeit das neue Engelbild gegeben. Andererseits teile ich Ihre anspielungsweise geäußerte Kritik. Aber bedenken Sie bitte, dass unsere Beurteilung nichts ist gegen den gefühlten Anspruch des Künstlers und die Tiefe seiner Inspiration. Insofern ist diesem Mann das Größte gelungen und er hat sich, wie Jakob übrigens auch, durch Dienst seine Herden, seine Frauen und seine Standbilder ehrenhaft erworben. Sub specie aeternitatis wage ich nichts zu sagen, was ihn schmälert, und ob er Bleibendes macht, wie Sie fragen, würde ich bejahend dahingehend steigern, dass er sich sogar im Bleibenden aufhält, wofür übrigens weder eine Beziehung zu Barlach noch zu Chagall nötig ist. Er ist ein bedeutendes Phänomen des Kunstschaffens Ihrer Gegend – nicht von der einzelnen Heldentat her – und zu Recht bemerken Sie gewisse Disproportionen was das echte „Ringen mit dem Engel" anbelangt, aber vom Gesamtprojekt seines Lebens …! Mit einzelnen Engelgestalten hat er es überdies zweifellos ganz geschafft und steht im weißen Licht der letzten Sphäre, wenn ich auch Ihnen mal mit Dante antworten darf. Bedenken Sie dies alles, wenn Sie Ihre Hommage verfassen. Zu Ihren Fotos möchte ich nicht viel sagen. Sie finden diese christlichen Reliefarbeiten mehrfach und auch doch wieder nicht, ganz wie genau Sie es nehmen. Ich glaube überdies, Sie als Schriftsteller (und mir übrigens nicht unbekannter Verfasser der „Irischen Verse", die mir vor Jahren durch Frau R.

zugänglich gemacht worden sind) werden mit Sicherheit das angemessene Verhältnis zu seinen Arbeiten gewinnen. Haben Sie also keine Angst – Sie sind schon der Richtige, der Gegenstand selbst gibt die Kraft, ihn zu erkennen. Grüßen Sie Frau R., wenn Sie ihr schreiben,
und alles Gute! Ihr …

Irgendwann auf meinen nächtlichen Streifzügen ging mir einmal das Benzin aus. Die Hoffnung, in einem der schlafenden Orte einen Tankwart aus dem Bett zu klingeln, bestand nur sehr schwach. Ich war zu Fuß – den Kanister in der Hand und mich durch nasse Wiesen schlagend – unterwegs zu jenem Berg, den ich in meiner Not als letztes, sinnvolles Ziel gewählt hatte. Spielberg. Es ist nichts Besonderes für mich, nachts zu wandern, aber diesmal war es unheimlich, und wie dunkle abweisende Riffe lagen zwischen den Hügeln die schlafenden Dörfer. Ich lief, ich stieg, ich schaute, ich ging. Die Steine glänzten. Die Welt der Menschen war fern. Vor mir der Berg, die Ringmauer, vereinzelte Büsche. Der Mond schien zwischen jagenden Wolken.

Hinter dem Schloss brennen vielleicht die Laternen, tröste ich mich – am Parkplatz, bei den Häusern. Aber es gab keinen Parkplatz und keine Häuser und auch kein Schloss, nur den Hügel und schwebende Nebelfetzen und Regen und Büsche und zwei keltische Wächter in losen Umhängen, auf Speere gestützt, die ins Tal blicken. Sie winkten mich wortlos weiter und ich sah einen kleinen Baum, dessen Blätter tropften, und einen nassglänzenden Stein, der schräg aus dem Grasboden ragte in der Nähe einer aufragenden Wand. – „Wenn man den Gipfel erreicht, beginnt die Seele zu steigen“, sagte eine Stimme, und ich blickte zum Mond wie zu einer nächtlichen Sonne in regenbogenfarbenen Ringen, blau, rot und grün. In der großen Himmelskuppel funkelte es, je weiter ich kam. Alles schimmerte und klang und ich stieg und ging und weit unter mir lag schon der Berg, ein kleines Schloss mit Ringmauer, weiße Punkte in grünen Wiesen, die steinernen Engel. Sternengischt umflog mich, Castor und Pollux, das Bild der Zwillinge, die kreisende Erde sah ich schließlich und wirbelnde Ringe und wie schwarze Kreisel dazwischen, Schlünde, in denen Augen sich auftaten, immer wieder Augen, Hunderte von Augen, und es war als ob das ganze Universum als bunter, hauchdünner Schleier in diese Schlünde stürzte, als ob alles eingesogen würde, Sonne, Mond, die Sphären, die Bahnen der Sterne, und ich schloss die Augen und hielt mir die Ohren zu, aber es schrie in mir: „Nichts wird bleiben von all dem, der Sternenschaum nicht und die Funken, und die Kometen werden stürzen und die Engel werden umfallen, und die Erde mit ihren Sommernächten und Brunnen wird verschwinden und aufgetrunken sein von den dunklen Augen, und die Augen werden sich schließen, wie Abgründe sich schließen stumm und auf ewig und dann ist alles tot, blind und dunkel, blicklos, ein Nichts …"

Ich fand mich unten im Gras. Mondlicht wischte wie ein Hauch firstabwärts über die Ringmauer und ein Engel, der nicht weit entfernt stand, sagte: „Ist ja schon gut! Abgestürzt? Nimm's nicht so schwer. Wer bist du, dass du so sprichst? Die Wege der Menschen werden nicht spurlos sein, und alle Engel werden nicht umfallen, und kein Tautropfen, der jemals an einem Grashalm glänzte, wird je vergessen werden. Ein Auge ums andere wird sich wieder öffnen und die Erde wird neu entstehen, und die Liebe wird wie eh und je ihr stilles Tor finden, und die Blinden werden wandern wie sanfte Engel im Licht. Es wird einen anderen Mond geben und ein anderes silbernes Spiegeln der Steine, und die Seelen werden weitersteigen, wenn sie den Gipfel erreicht haben, denn wünschen wir das denn nicht? – Und was ist unser Leben denn außer Sehnsucht?"

Lieber Heinrich – ich hoffe, Du bist einverstanden, dass wir Steinackers „Hommage“ aus Sparsamkeitsgründen in ein paar Briefen absolvieren, die ich in letzter Zeit geschrieben und erhalten habe, und ich hoffe, dass es für einen, der so „sieht“ wie Du, am Ende interessanter ist, zu lauschen, was andere schreiben, als wenn einer wie ich sich aufbaut vor ihm und sagt, so sieht das beim Bildhauer Steinacker aus! Ich habe mich umsonst bemüht, Wissen an die Sache zu wenden und es ist, wie all mein Schreiben, wieder einmal gründlich misslungen. Versuchen wir, Liebe beim Betrachter zu wecken. Musik wirst Du finden. Schau bitte, dass es am Ende nicht zu bedeutsam wird – auch große Gesten haben leicht zu enden und Engel haben Flügel. Ansonsten hab ich in den letzten Tagen viel gerätselt und eines ist mir dabei wirklich klar geworden. Es stimmt schon, Engel sind um Steinacker. Hauptsächlich natürlich macht er sie selbst.

Tagebuchfragmente IV

… Regen, Regen, Regen. Draußen gluckst es nur noch. Die eiserne Leiter hinter der Tür tropft, die Regenrinne tropft. Irgendwo gurgelt es. Ich fühle mich wie auf einem Fischkutter und ahne durch waagrecht fliegende Regentropfen undeutlich die Küstenlinie mit ihren Leuchttürmen und Feuern. Ich fürchte einen Piratenüberfall, einen Windstoß, der die Tür aufreißt. In der Nähe des Klosters drüben am Südhang, stelle ich mir vor, ist das Land. Oben auf der Burg eine schroffe Insel mit einem kleinen Licht, einer Kammer, in der bang eine Frau sitzt und wartet. Aber hier? Hier ist das Wasser und der Wind und ich schwimme auf dem Meer eines völligen Nichts, der Unordnung, der wasserdurchtränkten Gefahr meiner doch eigentlich irrsinnigen Schreibereien über den nassen Dächern dieser Stadt. Wieso bin ich hier mit meinen Zetteln und wirren Unterlagen? Ist es nicht schon irrsinnig, sich in einen solchen Turm zu setzen, muss ich auch noch darüber schreiben? Wird es jemals einen zweiten oder dritten Stadtschreiber geben oder ist das alles hier nur eine vollkommen verrückte Idee? Das Fenster scheint jetzt fast wie unter Wasser. Ich horche angestrengt, ob der Motor meines kleinen, windgepeitschten Fischkutters noch läuft. Aber der Motor ist ausgefallen. Ich höre jedenfalls keinen Motor. Ob ich jetzt untergehe und sterben muss? Ach, wie schön war es, als der Bürgermeister kam mit einem Korb voller Gebäck und Kaffee in der Thermoskanne, ich selber hatte auch Tee und Gebäck gekauft, da saßen wir im Warmen, breiteten unser Gebäck voreinander aus und nickten uns zu wie zwei Brüder und nippten am Kaffee und fanden ihn gerade richtig, und er erzählte mir von der italienischen Platzgestaltung. – Aber jetzt, ach, jetzt ist nur Wasser um mich und der Regen peitscht ans Fenster und die See ist unruhig und mir ist schwindlig und ich muss an Walburga denken in ihrem Schiffchen. Herr, gib einen trockenen Tod …!

Ob der Turm wankt? Nein noch nicht, es ist die Baumkrone unten, die der Wind peitscht … Am Ende wird mich dieses Abenberg verschlingen. – Aber so weit sind wir noch nicht. „Wart ner! Des krieg' mer scho!" Ich muss ja eigentlich nur den Schirm nehmen und draußen die Gasse unter dem Nussbaum zum Schloss hinauf und im Vorraum das Wasser abschütteln und Barbarie-Entenbrüstchen bestellen, was ich jetzt auch tun werde, denn ich habe einfach zu essen vergessen. Ja, das wird es sein! Mir ist schwindlig, weil ich wieder mal zu geizig war, richtig zu essen. Ach, wie einfach löst sich doch manche Frage, wenn man nachdenkt und wie schön warm ist es im Burghotel und das Bier ist sehr dunkel und draußen peitscht der Regen. Soll er peitschen, was kümmert's mich. Ein Bild gegenüber an der Wand. Es zeigt ein Nest und eine Stadt darin und einen Spruch: „Geborgen in Abenberg" …

Touristen

Früher nannte man in Franken ja fast alle nichtfränkischen Touristen „Berliner". Heute differenziert man da schon. Diese Fremden drüben am Tisch sind jedenfalls ein kleiner Wanderverein aus Hamburg und sie sitzen nun zu siebt am

Tisch und klopfen die Eier auf. Sie fühlen sich sehr auf dem Land, nehme ich an. „Was du da hast, ist die Butter“, sagt einer zum Nachbarn. Der lächelt schmerzlich und packt das winzige Dingelchen aus, in dem hinter Silberpapier tatsächlich so eine Art Hauch von Butter ist. Wahrscheinlich hat er erwartet, frischgeschlagene Butter im Napf serviert zu kriegen, mit einem Krug Sahne daneben, und von einer Wirtin, die nicht nur aussieht, wie eine fränkische Wirtin in einem fränkischen Haus, sondern auch so freigiebig ist, und die nicht, wer weiß, zur Sparsamkeit verpflichtet oder zur Effektivität verdammt, Lufthansaportionen an einen Hamburger Wanderverein ausgibt, der sich in Franken doch auf dem Land fühlen möchte. Die Hamburger reden inzwischen über die Marmeladeverpackung. Das fränkisch Burgenhafte des Ortes hat sehr auf sie eingewirkt und der mit der Butter erzählt nun eine Geistergeschichte von einer fränkischen Gräfin, die auf ihrer Burg durch die Wand gehen konnte, und er sagt, die habe er sich ausgedacht, weil er nicht schlafen konnte. Dieser Turm sei ja ständig von unten mit Lampen bestrahlt. Die anderen hören zu und ich stelle mir vor, dass jetzt eine fränkische Wandergruppe auf einer Nordseeinsel oder in einer Frühstückspension in Altfunixsil oder Ahrenshoop gerade frischgeschlagene Butter erwartet und Labskaus und rote Grütze und sich dann bei Lufthansaportionen Seemannsgeschichten erzählt, vom drei Mal ertrunkenen Piet oder so. – „Dies ist ein Herbsttag wie ich keinen sah“, zitiert jetzt der Hamburger Wandervogel ins andächtige Schweigen seiner Mitwanderer und „… die Luft ist still als atmete man kaum.“ Er zitiert wirklich das ganze Gedicht. Die anderen bewundern ihn und nicken versonnen. Ja doch, es ist jetzt schon fast herbstlich in Abenberg. Man sieht schwebende Spinnfäden und Nebel und man sitzt länger beim Frühstück, weil man eigentlich nicht hinaus will, aber dann, gegen elf, ist doch wieder der Sommer da und man geht noch ein letztes Mal …

Brief an den Turmschreiber VII

Keine Schönfärberei, kein Lobgesang, keine Verklärung – die Wahrheit! Ja, lieber Freund, ich habe sie lange gesucht. Ich suchte sie in meinem Turm und im Burgmuseum. Ich betrachtete die Bräute und wäre auf dem Weg zum Druidenstein beinah ins Wasser gefallen. Ich versuchte mich sogar im Golfspielen und als Kartoffelfreund auf rauchigen Äckern. – Was ist die Wahrheit über Abenberg?, fragte ich mich hundert Mal. Steht sie in den heimatkundlichen Büchern? Erkennt man sie eher an dem, was fehlt, oder morgens? Ist sie im schweigenden Licht der leeren Stadtkirche zu finden, an den Stammtischen, oder eher auf den Obstwiesen gegen Nachmittag, wenn sich leichte Müdigkeit einstellt und die Begeisterung über den Ort merklich nachlässt? Oder wird sie einem erzählt in verschwiegenem Gespräch, wenn ein alter Abenberger den Turmschreiber ins Auge fasst und sagt, jetzt will ich Ihnen mal was erzählen, wissen Sie eigentlich warum das Haus Nr. soundsoviel leer steht …?

Ja, die Wahrheit – vielleicht ist sie zu finden, wenn man hochsieht zu den Sternen, zu denen auch die Türme blicken, oder wenn ein großer Star die Stadt besucht hat und

Betrieb ist oder wenn auf vier Hochzeiten zugleich getanzt wird. Vielleicht ist sie auch auf das flammende Fahnentuch geschrieben, das im ständigen Scheinwerferlicht in den Himmel flattert, so dass man sie nun auch wieder nicht lesen kann.

Poeten, besonders die männlichen, sind sich natürlich darüber einig, dass die Wahrheit einer Stadt am besten durch eine Frau symbolisiert wird, so wie sie sich sowieso immer gern bei Frauen bergen. Aber was für eine Frau wäre Abenberg? Eine Nonne aus dem Kloster? Eine heilige Stilla, die eben nur eine selige Stilla ist und damit sozusagen nur eine kleine Heilige, deren Schwächen und nicht ganz erfüllter Heiligenstand irgendwie gut nach Franken passen, wo ja so manches nicht ganz erfüllt ist und dennoch zufriedenstellend wirkt. Auch eine helfende Museumsdirektorin, eine Wirtin, oder eine Bogenschützin könnte als Stadtgöttinnenersatz fungieren, wobei zu bedenken wäre, dass der Poet sich dann traditionell mit dieser Stadtgöttin vermählen müsste, symbolisch jedenfalls, so wie Heinrich Heine sich mit Hamburgs Hammonia vermählte, nachdem sie ihn in die Zukunft schauen ließ. – Heine blickte damals in einen Abort, wie wir wissen. Wohin ich wohl blicken würde, und welche Zukunft Abenbergs ich dann sähe?

Wäre Abenberg nun eine Frau, dann könnte man sich natürlich auch vorstellen, ihre Arme wären die Stadtmauern, ihr Kopf die Burg, ihre Füße fänden gewissermaßen unter dem Kleid der Mauern und Büsche auf unterirdischen Keuperschichten Halt. Als zeitgemäße Frau wäre sie alleinerziehend. Ihre Kinder wären überall anzutreffen und würden mehr oder weniger schlecht beaufsichtigt umherschwärmen. Gerade heute ist anscheinend Schulausflug. Ein Junge trägt eine ganze Tabakpflanze samt Wurzel und schaut an ihr hinauf. Strahlend lässt er die großen Blätter wippen …

Manchmal, wenn man in Abenberg durch die Gassen geht, hat man das Gefühl, die Wärme des Tages hätte sich in den Burgmauern gefangen und würde einen sozusagen auch dann noch umfächeln, nachdem die Sonne schon untergegangen ist. Dann strahlen die Burg, die Pflastersteine, die ganze Stadt etwas aus. Anfangs spürte ich das nicht so genau. Die Höllgasse enthält ein Stück Wahrheit, sagte ich mir zuerst, oder das älteste Bürgerhaus der Stadt. Man hält hier ja recht gern am Historischen fest! Gerade eben tollen wieder zehn oder fünfzehn Kinder in Rittergewändern durch den Burghof, befehligt von einer Mitarbeiterin des Museums. Wahrscheinlich spielen sie eine Szene aus der abenbergischen Geschichte, die genauso wahrheitsgetreu erzählt wird, wie sie jetzt eben gespielt wird.

Am Ende war es aber vermutlich dann doch dieses wärmende Strahlen der Mauern, das mich faszinierte, denn Abenberg ist – und jetzt kommen wir der Sache vielleicht näher – eine sehr sehnsüchtige Stadt, eine Stadt, in der es sozusagen eine ständige Lücke gibt, etwas, das ausgefüllt werden muss, ob sich das nun in den Träumen der Kinder oder an den fehlenden Zinnen der Burg oder an den leeren Häusern zeigt, eine Lücke, die wir auch in uns finden und die man vergleichen kann mit der Sehnsucht nach Wärme, wenn der Tag schon vorbei ist, nach einem Hauch, einer Atmosphäre, die uns etwas lange Verlorenes wiederbringen könnte …

Es ist hier in Abenberg tatsächlich bei vielen Dingen so, als wären sie von weit her überm Meer, oder mindestens aus dem Süden, der Tabak, die italienische Pflastererkolonne, Joan Baez, die Beach-Party … und das alles wäre dann hier sozusagen verbunden zu einer Art „Veranstaltung Abenberg", zu einem großen, ritterlichen Aufgebot, so dass sich für den ankommenden Reisenden eine seltsam magische Stimmung ergibt, eine Atmosphäre, die das alltägliche Jetzt fast ausspart …

Das Strahlen der Mauern Abenbergs also. Es ist als würde sozusagen abends nach einem heißen Tag, wenn die Steine noch Wärme abgeben, durch die Phantasie der Einwohner die vorhandene Wärme verstärkt, mit Träumen angereichert und so sehr mit Sehnsucht angefüllt, bis selbst die Pflastersteine zu erzählen begännen und der Stilla-Brunnen und die Parkbänke, die dunkel in Blumen und Unkraut stehen. Und spätestens dann hat man vergessen, dass es in Abenberg doch eigentlich immer nur von Veranstaltung zu Veranstaltung geht, dass Fest um Fest gefeiert wird, dass die Fahnen der Burg immer wieder eine neue Hochzeit ankündigen, eine neue Tafelei, eine geheime Liebeszusammenkunft, einen Abend seelenerhebender Dichtung, ein Musikfest, … und dann eben nimmt man Teil an der Wahrheit Abenbergs, die ja auch eine Art Lebensweise und Lebensweisheit ist, und man geht träumend umher, scheinbar weise und wissend, und sich an das Früheste und Späteste zugleich erinnernd – wie auf einem nie ganz endenden Fest.

(1) Ein „Athener Windturm“ und die von Humboldt angeregten Nachbauten Schinkels im Tegeler Schloss in Berlin sind gut dokumentiert. Hinweise dazu verdanke ich der Kunsthistorikerin Elke Masa. Die Windpriesterlegende hat eine längere Tradition, die z. B. Ivetta Gerasimchuk im „Wörterbuch der Winde“ (Lettre International Nr. 47, S. 7 ff.) erläutert. Gerasimchuk bezieht sich ihrerseits gelegentlich auf eine nordafrikanische Autorin Namens „Fathma Morghana“... **(2)** Jean Giraudoux, Kein Krieg in Troja, c. 1935, Grasset Paris, (dt. Übers. Anette Kolb.) Frankf./M. 1990. **(3)** wie Anm. 2, S. 23. **(4)**„... diu lantgrævinne quam aldar/ ze Wartperc ûf den palas; sô wart man gewar // bî ir wol vierzec frowen oder mêre, /der ahte hôhgrævinne sint, /von Abenberc des edelen hôhgeborniu kint ...“ **(5)** In den Jahren 1046 und 1047. **(6)** Zum Schleierflug gibt es auch die Version, dass er der alternden Stilla die Begräbnisstelle anzeigen sollte und der Schleier sich um die Spitze des schon gestifteten Kirchleins gewunden habe. Ansonsten lässt sich Rivalität zwischen den Stiftungsplänen Stillas und denen des Eichstätter Bischofs konstatieren, sowie eine Reanimierung aller Vorkommnisse durch den Prälaten Johann Babtist Sperber, der 1912 - 1915 Kaplan und später bis 1952 Stadtpfarrer war. Vgl. Albert Rösch, Das katholische Dekanat Schwabach in Geschichte und Gegenwart, Schwabach 2007, S. 154-155. **(7)** Ernst Otto Ehrhardt, Dinkelsbühler Gästebuch, Texte aus vier Jahrhunderten, Dinkelsbühl 2001. Der Titel soll auch an das Buch „Once upon a Dinkelsbühler“ erinnern, das die Berlinerin Beate Gellhorn (auch einst Dinkelsbühlerin) 1998 herausgab.

Dank

Die vorliegenden Texte entstanden größtenteils zu meiner Zeit als Turmschreiber der Stadt Abenberg im Jahr 2004. „Von Türmern und Träumern" entstand im Anschluss an die Rede, die ich zur Einführung des zweiten Turmschreibers Gerd Scherm im Juli 2007 im Stilla-Saal der Burg hielt. Der Text „Druidenstein oder Once upon a Dinkelsbühler" basiert auf einer kurzen Passage über Dinkelsbühl, die Ernst Otto Erhard in dem Buch „Dinkelsbühler Gästebuch"[7] veröffentlicht hat und die nun, um meine Suche nach dem Druidenstein bereichert, zur Doppelgeschichte geworden ist. Der Text „Versuch über Engel" ist eine Hommage an Ernst Steinacker auf der Burg Spielberg, der im Februar 2008 starb.

Die Idee, eine Turmschreiberstelle im Landkreis einzurichten, hatte Herr Reinhard Wechsler. Herr Werner Bäuerlein, Bürgermeister der Stadt Abenberg, brachte mich mit den für das Experiment wichtigen Menschen zusammen und begleitete alle Mühen mit befeuernder Anteilname. Franz Kornbacher und der Heimatverein Abenberg stellten den ersten Turm zur Verfügung. Frau Brigitte Korn, die Direktorin des Hauses fränkischer Geschichte, sorgte für vieles, was in so einer Sache anfangs fehlt. Meine Tochter Friederike hielt tapfer die Türmerzeit mit mir durch.

Ihnen allen gilt mein Dank, wie auch den vielen Menschen aus Abenberg und Umgebung, die mich in der Türmerzeit besuchten. Noch heute freut mich die Begegnung mit Billy Wechsler und den fröhlichen Lehrerinnen und Schülerinnen der Realschule vom Kloster Abenberg. Dass manche Erwartungen nicht erfüllt werden konnten, liegt in der Natur der Sache und möge entschuldigt werden.

Das Buch wurde von Michaela Moritz, Franz Kornbacher und Esther Dischereit passagenweise gelesen und dadurch stark verbessert. Finanzielle Förderung verdankt es dem Engagement des Landrates und der Sparkassenstiftung Mittelfranken-Süd, der Firma Hans Henglein GmbH sowie der Stadt Abenberg und ihrem Heimatverein.

Dass ich über die große Klöppeltradition des Ortes, das älteste Bürgerhaus der Stadt, so wie über fast alles Wichtige viel zu wenig und stattdessen über völlig nebensächliche Dinge seitenlang berichte, ist mir schmerzlich bewusst. Auch dass ich wertvollste Bildungsgüter und alltäglichste Dinge ständig vermische, möge man mir nachsehen. Die Fragwürdigkeiten und Fehler dieses Buches gehen auf mein Konto, seine Schönheiten verdanke ich den Abenbergern und ihrer Stadt. Mögen die nächsten Turmschreiber es besser machen.

R.K. im April 2008